中等职业教育汽车专业理实一体化系列教材

# 汽车美容与装饰
# 一体化教程

主　编　徐　诞　汲广任　付文宇

副主编　施锌涛　蒋　辰　商　卫

参　编　张永艳　武　剑　周　樱　单　娟

　　　　万红艳　杨春霖　谢　明　赵雅娇

　　　　罗秀伟　刘　勇　程　伟　兰　楠

　　　　潘　立　夏溢敏　胡亦玮　张玉环

　　　　王　伟　陈　健　陈武明

主　审　庄永成

机械工业出版社

新时代汽车美容装饰行业日新月异，本书结合行业发展和职业教育，以实际工作过程为导向，融入新技术、新工艺、新材料、新观念，具有较强的针对性和实用性，主要内容分为汽车美容装饰的认知、汽车外部清洁、汽车内部清洁与美容护理、车身漆面美容与护理、汽车贴护装饰、汽车装饰升级6个模块，包括常用清洗设备的认知、汽车外部清洗、汽车车内清洁、汽车车室美容护理、发动机舱清洁与美容、汽车漆面抛光与还原处理、汽车漆面打蜡、漆面褪色失光的美容护理、汽车车窗膜及车身改色膜贴装、汽车外部装饰升级、汽车内部装饰升级等20个任务。

本书可作为职业院校汽车相关专业的教学用书，也可作为汽车美容装饰行业从业人员、广大汽车爱好者的参考用书。

**图书在版编目（CIP）数据**

汽车美容与装饰一体化教程 / 徐诞，汲广任，付文宇主编. —北京：机械工业出版社，2023.11（2025.7重印）
中等职业教育汽车专业理实一体化系列教材
ISBN 978-7-111-74036-0

Ⅰ.①汽⋯　Ⅱ.①徐⋯　②汲⋯　③付⋯　Ⅲ.①汽车—车辆保养—中等专业学校—教材　Ⅳ.①U472

中国国家版本馆CIP数据核字（2023）第191317号

机械工业出版社（北京市百万庄大街22号　邮政编码100037）
策划编辑：齐福江　　　　　　责任编辑：齐福江
责任校对：韩佳欣　徐　霆　　封面设计：陈　沛
责任印制：李　昂
涿州市般润文化传播有限公司印刷
2025年7月第1版第3次印刷
184mm×260mm・14.5印张・242千字
标准书号：ISBN 978-7-111-74036—0
定价：59.90元

电话服务　　　　　　　　　　　网络服务
客服电话：010-88361066　　　机 工 官 网：www.cmpbook.com
　　　　　010-88379833　　　机 工 官 博：weibo.com/cmp1952
　　　　　010-68326294　　　金 书 网：www.golden-book.com
**封底无防伪标均为盗版**　　　机工教育服务网：www.cmpedu.com

# FOREWORD
# 前　言

　　汽车后市场的快速发展带来了汽车美容装饰行业的不断进步，对汽车美容与装饰从业人员的专业技术要求也在不断提高。汽车美容装饰行业的迅速崛起、发展，不仅使之成为我国服务业的一个新兴支柱产业，而且也成为渴望勤劳致富者的黄金产业。现代汽车美容装饰是在继承传统汽车美容装饰的基础上完善和发展起来的汽车护理技术。现代新材料、新技术的应用也为汽车美容装饰提供了新的工艺和丰富的内容。汽车美容装饰业中蕴藏的巨大商机给汽车美容装饰行业从业人员提供了广阔的市场空间，同时也对从业人员的素质和人才培养提出了更高的要求。

　　为了满足汽车美容装饰从业人员希望全面、系统地了解汽车美容装饰行业现状的需求，提高汽车美容装饰的实际操作能力，掌握汽车美容装饰技术，本书采用全新的编写方式对汽车美容装饰的实际操作方法进行了详细、系统的剖析，融合了现代汽车美容装饰行业较新、较流行的方法，具有很强的实用性和综合性。根据我国汽车美容装饰行业发展的实际情况以及各职业院校的教学场地条件，以汽车美容装饰从业人员工作过程为导向，集中整理提炼了汽车美容装饰中施工频率较高的 6 大学习模块、20 个典型学习任务，并以这些任务为载体，将从业人员应具备的知识与技能融入学习任务中。

　　本书由世界技能大赛车身修理项目全国选拔赛裁判组组长、中国技术指导教练、山东省交通教指委培训专家、日照市"首席技师"、日照市技师学院汽车技术系副主任庄永成担任主审；由常州交通技师学院徐诞老师，烟台瑞达汽车科技股份有限公司汲广任总经理、付文宇副总经理担任主编，负责全文大纲、内容的编写，以及视频的拍摄与制作；常州交通技师学院施锌涛老师、蒋辰老师，邯郸市职教中心商卫老师担任副主编，分别主持各模块项目的编写与全书图片处理。常州交通技师学院张永艳老师、常州旅游商贸高等职业技术学校周樱老师参与编写模块一；临沂市技师学院杨春霖老师、鄂温克族自治旗职业中学谢明老师参与编写模块二；汤原县职业技术学校赵雅娇老师、阿荣旗职业中等专业学校罗秀伟老师、玉溪技师学院刘勇老师参与编写模块三；云南省昆明市第一职业中等专业学校程伟老师、昆明市西山区职业高级中学兰楠老师参与编写模块四；常州交通技师学院武剑老师、安宁市职业高级中学潘立老师参与编写模块五；浙江省德清县职业中等专业学校夏溢敏老师，杭州技师学院胡亦玮老师、张玉环老师参与编写模块六；常州交通技师学院单娟老师、万红艳老师参与编写全书学习目标、德育内容；永康五金技师学院王伟老师、陈健老师、陈武明老师参与了项目考核表、课件、学习题库的制作。

本书着重对汽车美容装饰的相关作业内容、操作工艺流程及相关养护产品的使用等进行系统的讲解，采用了符合课程内容特点和中高职学生知识与技能养成规律的教学模式和方法，介绍了当前汽车美容装饰中的新技术、新工艺、新材料、新观念，所选内容具有很强的针对性和实用性，充分考虑了汽车美容装饰工作岗位所需要的知识、能力和素养，与时俱进，为学生走上工作岗位奠定了良好的基础。本教材配套课件、习题、测试卷、操作项目评分表、图片及视频，如有需要，请联系编者，QQ：748118122。

由于编者水平有限，书中疏漏之处在所难免，恳请同行专家和广大读者批评指正。

编　者

# CONTENTS
# 目 录

# 汽车美容装饰的认知

　　汽车美容装饰是一个全新的概念，它与一般的洗车、普通打蜡有着本质上的区别。专业汽车美容装饰与众不同之处，在于它自身的系统性、规范性和专业性。所谓系统性就是着眼于汽车的自身特点，由表及里进行全面而细致的保养；所谓规范性就是每一道工序都有标准而规范的技术要求；所谓专业性就是严格按照工序要求采用专业工具、专业产品和专业手段进行操作。汽车美容应使用专业优质的养护产品，针对汽车各部位材质进行有针对性的保养、美容和翻新，使经过专业美容后的汽车外观洁亮如新，漆面亮光长时间保持，有效延长汽车使用寿命。

## 学习任务一　汽车美容装饰的发展

### ✎ 知识和技能目标

1）了解国内外汽车美容装饰业的发展情况。

2）掌握汽车美容装饰包含的主要项目。

3）掌握汽车美容装饰作业的基本条件、依据与原则。

### ✎ 过程与方法目标

1）灵活运用各种媒体资源查找汽车美容装饰业相关信息，提升自主学习能力。

2）提高自主学习新知识、新技术的能力。

### ✎ 素养目标

1）提高对汽车美容装饰专业的兴趣和职业认同，提升对汽车美容装饰课程学习的了解程度。

2）体会个人专业、职业发展的重要意义，提高学习兴趣，养成良好的职业道德。

## 一、国外汽车美容装饰的发展

汽车美容装饰，在西方国家被称为"汽车保养与护理"。大多数工业发达国家的汽车美容装饰行业主要是伴随中高档轿车的产生而同步产生的。在20世纪20年代末至30年代初，美、英等国家就有了汽车美容装饰行业。到20世纪40年代，汽车美容装饰行业日益壮大并逐步形成规模。20世纪70年代后期，该行业得到了飞速的发展。同时，汽车美容装饰行业开始走向亚洲。20世纪80年代，汽车美容装饰行业在全球已发展成为一支产业大军。

据欧美国家的数据统计显示，一个成熟的国际化汽车市场中，汽车的销售利润在整个汽车产业的利润构成中仅占20%，零部件供应的利润同样仅占20%，而占60%的利润是从汽车服务产业中产生的。从中不难看出，汽车美容装饰行业蕴含着巨大的社会效益和经济效益。因此，汽车美容装饰行业被认为是21世纪世界最具市场潜力的黄金产业之一。

## 二、我国汽车美容装饰行业的发展概括

由于种种原因，我国汽车美容装饰行业长期滞后于国外发达国家，传统手工养护方法在我国延续了数十年，直到20世纪90年代初，汽车美容装饰行业才正式引入国内，而此时的汽车美容装饰行业只不过是车辆清洁、手工涂蜡等简单初级的美容服务。直到21世纪初，汽车美容装饰行业受到日本市场的影响，大量的日本先进产品及服务理念进入中国，国内才初步形成差异化、专项化的服务概念。与日本、美国、德国等成熟国家相比，我国汽车美容市场还处在一个初期萌芽状态，发展前途任重道远。回顾我国汽车美容装饰行业的发展，大致经历了以下三个阶段。

### 1. 起步阶段

我国汽车美容装饰行业形成于20世纪90年代初，由于汽车工业发展缓慢，轿车数量相对较少，汽车美容装饰行业也发展迟缓，仅在商用车、运输车上进行一些基本的实用型加装，汽车美容装饰产品也比较单一。汽车行业以维修为主，不注重养护。汽车美容装饰企业多以"一块抹布一桶水，三个伙计一个店"

的路边摊形式出现，所做项目也屈指可数，专业技术人员匮乏，施工质量和效果难以保证。

### 2. 发展阶段

自 2000 年以来，我国汽车工业迅猛发展，私家车数量呈现井喷式增长。2002 年，我国轿车产量超过 100 万辆，汽车美容装饰行业也随之得到迅速发展。由于汽车美容装饰行业入门的门槛较低，一大批投资者进入汽车美容装饰行业，汽车美容装饰项目和产品种类迅速增加，大型汽车美容装饰企业、连锁企业也随之应运而生。

### 3. 飞跃发展阶段

2004 年以来，汽车美容装饰行业悄然出现变动，一方面低档次产品与服务的过度竞争使汽车美容装饰行业在某些地区出现利润下降、消费者投诉增多现象，在竞争过程中出现企业破产等情况；另一方面，国外汽车美容装饰企业纷纷加大对中国的投入，国外汽车美容装饰产品进入中国市场。

## 三、汽车美容装饰作业

汽车美容装饰作业的特点是施工项目多、覆盖范围广，可随意组合，服务灵活多变，作业时间短、见效快。当下汽车美容装饰的主要项目如图 1-1-1 所示。

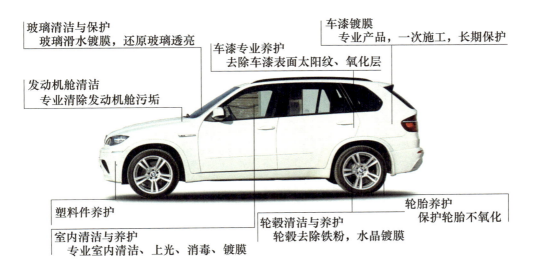

图 1-1-1　当下汽车美容装饰的主要项目

### 1. 车表美容

车表美容即车身表面美容装饰，如图 1-1-2、图 1-1-3 所示，主要包括汽车外部清洗，漆面附着物的去除，新车开蜡，轮胎与轮辋的养护美容，汽车玻璃的美容护理，不锈钢、电镀件的美容护理，塑料装饰件的美容护理，车灯的美容护理，玻璃洗涤器的日常检查等内容。

图 1-1-2　外部清洗　　　　　　　　图 1-1-3　漆面护理

### 2. 汽车内饰清洁护理

汽车内饰清洁护理主要包括车室的清洁护理、汽车发动机舱的清洁护理和行李舱的清洁护理等项目。

如图 1-1-4、图 1-1-5 所示，车室美容包括车内除尘，顶篷、仪表板、方向盘、座椅、头枕、安全带、桃木内饰、中控台、门内护板、地毯和脚垫、空调通风口的清洁保养以及蒸汽杀菌、室内空气净化等项目。发动机舱的清洁护理包括发动机冲洗清洁、喷上光保护剂等清洁、检查、维护项目。

图 1-1-4　门护板与座椅的清洁护理　　　图 1-1-5　室内中控与空调口的清洁

### 3. 漆膜的美容

在汽车美容装饰作业中，漆膜的美容主要分为护理美容、翻新美容及修复美容三类。

（1）护理美容  护理美容是指汽车在正常使用中进行的护理，目的是保护漆膜，使漆膜光泽持久，避免粗糙、失去光泽。汽车在外部清洗之后的漆膜美容护理项目主要有打蜡、封釉或镀膜三种。

图 1-1-6  伍尔特
（WURTH）皇爵棕榈蜡

1）打蜡：给车身漆膜打蜡，不仅可以使蜡在车漆表面形成清晰度较高的保护膜，而且能够起到上光、防水、防紫外线、防静电等作用。图 1-1-6 所示为德国伍尔特（WURTH）皇爵棕榈蜡。

打蜡可以通过人工操作完成（图 1-1-7），也可以用打蜡机作业。但蜡可溶于水，无法对漆面进行长期保护。

2）封釉：釉主要有抗氧化、耐酸碱、光亮持久、密封、抗划痕等作用。图 1-1-8 所示为德国伍尔特（WURTH）车身美容膏。汽车封釉就是采用先进工艺与专用工具将高分子釉剂通过高频旋转与振动挤压进车漆的纹理中，使其在车漆内形成牢固的网状保护层并附着在车漆表面，提高车漆的硬度，降低其表面粗糙度。好的釉剂可以提供 6 个月左右的保持功效，如图 1-1-9 所示。

在汽车封釉之后无需打蜡，而汽车打蜡之后也不能封釉，如果需要进行封釉养护，必须用脱蜡洗车液将汽车清洗干净后才可进行。

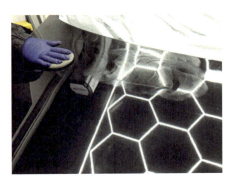          

图 1-1-7  打蜡          图 1-1-8  车身          图 1-1-9  汽车封釉
                          美容膏

3）镀膜：镀膜是指用专用仪器将带有负离子的液态蜡，均匀地喷涂到车漆上，由于液态蜡带有静电，所以会自动吸附到车漆上，在车漆表面形成一层蜡质保护层。一般规范操作后的镀膜防护时效可达 1 年以上，在此期间，日常养护只需用清水冲洗即可。图 1-1-10 所示为德国伍尔特（WURTH）纳米漆面镀晶液。

（2）翻新美容　受污染的漆膜因粗糙而造成表面失光，该情况的修复无需喷漆，可通过翻新美容操作还原其效果，如图 1-1-11 所示。

图 1-1-10　纳米漆面镀晶液

图 1-1-11　漆面翻新

旧车漆膜翻新美容的施工流程为：车身清洗→漆面研磨→漆面抛光→漆面还原→打蜡上光或封釉。

1）漆面研磨：研磨是指去除漆膜表面的氧化层、轻微划痕等缺陷的工序。在漆膜划痕修复时同样会使用研磨、抛光等工序，以去除轻微划痕。研磨是漆膜轻微缺陷修复的第一步，要求使用专用的研磨剂（图 1-1-12）配合研磨/抛光机进行作业，如图 1-1-13 所示。

图 1-1-12　研磨剂

图 1-1-13　漆面研磨

2）漆面抛光：抛光是研磨后修复的第二道工序，用专用的海绵抛光盘，如图 1-1-14 所示，其目的是去除研磨留下的打磨痕迹，如图 1-1-15 所示。

3）漆面还原：还原是漆面翻新美容的第三道工序，其目的是通过还原剂将车漆的光泽还原回新车的状态，如图 1-1-16 所示。其产品有两种：一种是还原剂，另一种是增艳剂。增艳剂在还原的基础上还具有增艳作用。图 1-1-17 所示为德国伍尔特（WURTH）抛光密封剂。

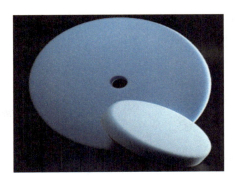

图 1-1-14 海绵抛光盘

图 1-1-15 漆面抛光

图 1-1-16 漆面还原

图 1-1-17 抛光密封剂

（3）修复美容　修复美容是指对车身漆膜有损伤的部位和内饰出现破损的部位进行恢复性作业，其中包括对漆膜表面的损伤和车内物件的破损进行修补处理等作业内容，如图 1-1-18 所示。汽车修复美容一般先进行漆膜修复，然后进行美容作业。

无缺失皮革修复

轻微缺失皮革修复

直线形裂面修复

烟洞烫伤修复

图 1-1-18 修复美容

## 4. 防爆隔热膜

防爆隔热膜旨在给汽车玻璃添加一层保护，在与外界发生碰撞时起到防止玻璃爆碎与固定碎玻璃渣的作用，从而更好地保护车内乘客的人身安全，如图 1-1-19 所示。其主要是针对车辆前风窗玻璃、后风窗玻璃、侧窗玻璃进行的操作。汽车防爆隔热膜不同于普通的汽车贴膜，在性能参数上更加强调穿刺强度、剥离强度和拉伸强度三个重要特性。隔热效果测试如图 1-1-20 所示。

在选膜过程中，应采用中医上的"望、闻、问、切"的方式，对产品进行详细了解。其主要包括一望颜色、二闻味道、三问指标、四切手感。

图 1-1-19　贴防爆隔热膜

图 1-1-20　隔热效果测试

### 5. 汽车防护

汽车防护服务项目主要包括安装防盗器、倒车雷达、静电放电器、汽车语音报警装置等。

## 四、汽车美容装饰的依据与原则

### 1. 汽车美容装饰的依据

汽车美容装饰应根据车型、车况、使用环境及使用条件等因素，有针对性地、合理地安排美容作业的时机及项目。

（1）因车型而异　由于汽车美容装饰项目、内容及使用的产品不同，其价位也不一样。对汽车进行美容装饰作业不仅要考虑到工艺的难度和效果，同时也要考虑实际使用的费用。因此，不同档次的汽车所采取的美容装饰作业及使用的产品应有所不同。

（2）因车况而异　汽车美容装饰作业应以汽车漆膜及其他方面的实际状况制订修复计划，有针对性地进行美容装饰作业。车主或驾驶人应经常对汽车表面进行检查，发现异象要及时处理。车身除尘清洁如图 1-1-21 所示。如车漆表面出现裂痕，尤其是较深的划痕，若处理不及时，可能导致金属锈蚀，会增大处理难度及影响车身安全性。玻璃划痕修复如图 1-1-22 所示。

图 1-1-21　车身除尘清洁　　　　图 1-1-22　玻璃划痕修复

（3）因使用环境而异　汽车行驶的地域和道路不同，对汽车进行美容装饰操作的时间和项目也不同。如车辆经常在污染较重的工业区使用（图 1-1-23），则应经常性地对车辆进行清洗，经常检查漆膜有无污染、色素沉着，并采取积极预防措施；如汽车在沿海地区使用（图 1-1-24），由于当地空气潮湿，大气中含盐分较多，一旦漆膜出现划痕，应立即采取治理措施，否则会很快造成内部金属锈蚀；如汽车在西北地区使用，由于当地风沙较大，漆膜易失去光泽，则应缩短抛光、打蜡的周期。

图 1-1-23　污染较重环境　　　　图 1-1-24　多雨沿海地区

（4）因季节而异　不同的季节、气温和气候的变化，对汽车表面及室内具有不同的影响。如车辆在夏季使用，由于高温容易造成漆面老化、漆膜损坏、室内橡胶件的损坏，如图 1-1-25 所示；车辆在冬季使用，由于严寒易使漆膜冻裂，如图 1-1-26 所示。这些情况均应进行必要的预防护理作业。另外，冬夏两季车内由于使用空调，车窗紧闭，车内易出现异味，应定期进行室内及空调管路杀菌和除臭作业。

图 1-1-25　夏季高温

图 1-1-26　冬季严寒

### 2. 汽车美容装饰的原则

汽车美容装饰护理的对象是车辆外覆盖面与内装饰件，汽车是价格较高的物品，在实施美容装饰护理及实际操作中都应该遵循一定的原则。

（1）护理原则

1）预防与治理相结合的原则。汽车美容装饰以预防为主，即在汽车漆膜及其他部位出现损伤之前进行必要的维护作业，预防损伤的发生。一旦出现损伤应及时进行治理，使其恢复原来状况。因此，汽车美容装饰应坚持预防与治理相结合的原则。

2）车主护理与专业护理相结合的原则。汽车美容装饰中的很多项目属于经常性（日常性）的维护作业，如除尘、擦车、常规检查等，这些简单的护理作业，只要车主或驾驶人员掌握一定的汽车知识，可以自己完成。但定期到专业汽车美容装饰场所进行护理是必不可少的，尤其是汽车漆膜、内外饰出现问题时，必须进行专业护理。

3）单项护理与全套护理相结合的原则。汽车美容装饰作业应有针对性地选择项目和内容，进行单项护理就能解决的问题不必进行全套护理，这样不仅提高效率，同时能节省不必要的费用。例如，汽车漆膜的厚度在出厂时是相同的，如果每次汽车漆膜护理都进行全套的研磨、抛光、打蜡操作，这样会导致漆膜变薄，当磨损过大时，就必须进行重新喷涂。当然在一定情况下对汽车进行全面护理也是必要的，主要是根据不同情况具体对待。

4）局部护理与全车护理相结合的原则。汽车漆膜局部出现损伤时，只要对局部进行处理即可，只有在全车漆膜绝大部分出现损伤时，才有必要进行全车漆膜处理。在实际工作中，应根据实际情况对其制定修复计划，并进行修复操作。

（2）操作原则

1）以稳妥为主，取稳避莽。急于求成是美容装饰操作者的大忌，急躁是造成事故的主要原因之一。汽车美容装饰护理中出现事故是非常严重的，如果在研磨中把车辆漆膜磨穿，该车就必须重新喷漆。在操作中，当遇到疑问或难题时建议停止操作，在明确疑问后再进行操作，不能用汽车来做试验，更不可蛮干硬来。

2）以质量为准，取轻避重。在保证质量的前提下，能用柔和型产品时就不用强力型；能用微切型就不用中切型；能用稀释型的就不用浓缩型的；能用低速就不用高速；能用轻力就不用重力。

3）以特性为主，避免强力。专业人员应理解产品的特性，不可单纯以产品名称理解。例如，丝绒清洗剂和发动机清洗剂对普通消费者来说是两种不同的产品，但对专业人员来说，它们都是用来去除油渍的，而发动机清洗剂的去油性更强。在所有的内饰清洁中，由于材质的不同，其清洗的力度也有所不同。

4）以精细为准，避免粗糙。专业美容装饰是细活，仅次于工艺品的制作。操作过程中，对于边角处应特别注意，不能遗漏，一个小小的污点就有可能破坏整个维护质量，精益求精是专业汽车美容装饰护理者的目标与追求。

## 五、汽车美容装饰作业的基本条件

专业汽车美容装饰作业必须具备五个条件。

1）应有专用的汽车美容装饰操作工作室。工作室应与外界隔离，并设有专门的漆膜维修处理工作室、干燥室、清洗室、美容护理室，工作期间相互应不干扰。

2）各工作室应有相应的专用设备与工具，可供施工所用。

3）所有作业人员和技术人员必须经过专业技术培训，取得上岗证书后，方可进行施工。

4）汽车美容装饰产品及有关材料必须是正规厂家生产的合格品，而且应是配套使用的相关产品，避免在施工时出现质量事故。

5）必要的售后服务保障。售后服务是对专业美容装饰作业的补充与延续，可保证当出现一些质量问题后，能及时有效地进行补救处理，既可在消费者心目中树立汽车美容企业的良好服务形象，也是对消费者权益的保护。

## 学习任务二 汽车美容基础认知

### ✏️ 知识和技能目标

1）了解汽车美容的定义和范畴。

2）汽车美容的作用与分类。

3）专业汽车美容与普通汽车美容的区别。

### ✏️ 过程与方法目标

1）灵活运用各种媒体资源查找汽车美容业相关信息，提升学习能力。

2）提高自主学习新知识、新技术的能力。

### ✏️ 素养目标

1）提高对汽车美容装饰专业的兴趣和职业认同，提升对汽车美容装饰课程学习的了解程度。

2）体会个人专业、职业发展的重要意义，提高学习兴趣，养成良好的职业道德。

## 一、汽车美容的定义和范畴

### 1. 汽车美容的定义

"汽车美容"源于西方国家，英文名称为 car beauty 或 car care。所谓汽车美容，是指针对汽车各部位不同的材质特性所需的保养条件，采用不同性质的汽车美容护理产品及相应施工工艺，对汽车部件进行全面保养护理，以达到延长汽车使用寿命、增强车辆装饰性和美观性的一种行为。

### 2. 汽车美容的范畴

汽车美容借鉴了人们生活中美容养颜的基本思想理念，并被赋予了新的内涵，目前正逐步形成现代意义的汽车美容。因而，汽车美容不再是传统的简单给汽车打蜡、除臭、吸尘及车内外的清洁等常规护理，还包括了利用专业设备及相关产品，采用特殊而严格的工艺方法，对漆面进行增光增亮、打蜡抛光、封釉镀膜及深浅划痕处理、车辆底盘防腐、发动机外部翻新等一系列实用汽车技术，以达到"旧车变新，新车保值，延寿增益"的目的。

## 二、专业汽车美容与普通汽车美容的区别

国外汽车美容业发展至今已有近百年的历史。由于我国汽车普及率较发达国家低得多，汽车美容的起步相对较晚，故许多消费者误将汽车美容简单地理解为：洗车→打蜡→交车。洗车时所用清洁剂多数是通用型的洗衣粉、肥皂和洗涤灵等，而非专用型的。此类产品的 pH 值一般在 $10.3 \sim 10.9$ 之间，而汽车油漆耐酸、碱可承受的 pH 值为 8.0 以下，肥皂水和洗衣粉等虽能分解油垢，也会破坏蜡分子的存在，使漆膜氧化失光，加速密封胶条的老化，导致油漆脱落、金属腐蚀以至穿洞等。长期使用 pH 值 8.0 以上的清洁剂，虽洗去了车表面的灰尘，但却对漆面造成了损害，会使车漆失去光泽、亚色、干裂、生锈，因此不能选用碱性洗车液洗车。打蜡时所用的蜡一般为硬质蜡，车体在上蜡 20 多小时后才能进行抛光，在这 20 多小时内，蜡膜会吸附大量的灰尘与沙粒，抛光时它们会划伤漆面，产生大量划痕，严重影响光泽度。由此可见，普通汽车美容名为护车，实则毁车。

## 三、汽车美容的分类

### 1. 根据作业场所分类

1）美容店式汽车美容（图 1-2-1）。
2）家庭式汽车美容（自助式汽车美容）（图 1-2-2）。

图 1-2-1　美容店式

图 1-2-2　自助式

### 2. 根据作业质量程度分类

（1）一般汽车美容　一般汽车美容是指人们日常生活中对车辆的清洗、打蜡。如路边经营的小店，作业人员用高压清洗机、毛巾、简单而廉价的护理产品进行的"汽车美容"。这种操作基本只能去除汽车表面的污物、尘土，而后续的打蜡也仅仅是增加汽车车漆表面的光亮度，属于一种简单而粗浅的汽车美容作业。其从业者未经过专业学习，缺乏理论知识和系统的技能培训，不能很好或无法处理车辆表面出现的氧化和其他损伤现象，如图 1-2-3 所示。

（2）汽车修复美容　汽车修复美容是指在车身漆面或内饰件表面出现某种缺陷后所进行的恢复性美容作业，如图 1-2-4 所示。其缺陷主要包括漆膜病态、漆面划痕和斑点、内饰件表面破损等。操作时应根据缺陷的损伤范围和损伤程度不同分别对其进行表面处理、局部修补、整车翻新及内饰件修补更换等美容修复作业。

图 1-2-3　一般汽车美容

图 1-2-4　汽车修复美容

相对于一般汽车美容，汽车修复美容不仅在设备、工具上比较齐全，而且对于作业场地和作业人员有着一定的技术要求，因而能满足汽车美容的基本要求，能实现一个较理想的汽车美容护理效果。但修复美容主要针对车身漆膜、内饰表面的修补，没有更加深入而专业的保养与护理，因此所做的车身美容项目不够全面。

（3）专业汽车美容　专业汽车美容不仅包含汽车清洗、漆面护理，还包括护理用品的选择与使用、车辆漆膜护理（漆膜缺陷的美容、汽车划痕修复等）、汽车装饰等内容，是一项复杂而系统的工程。

专业汽车美容与一般的洗车、打蜡等汽车美容完全不同。从一般意义上讲，专业汽车美容是通过先进的设备和数百种产品，经过几十道工序，对车身、内室（包括地毯、皮革丝绒、仪表、音响、顶篷、冷热风口、变速杆操作台等）、发动机（免拆清洗）、轮毂、轮胎、底盘、保险杠、空调系统、冷却系统、进排气系统等部位进行彻底清洁、保养和维护，且对较深划痕进行特殊修复，从而使整车焕然一新。

### 四、汽车美容的作用

#### 1. 美化环境

随着科学技术的不断进步，人们的生活水平不断提高，路面行驶的汽车越来越多。五彩斑斓的汽车装扮着城市的各条道路，对整个城市起着美化作用，也给人们带来美的享受。这些美景与汽车美容装饰行业的兴起是分不开的，如果没有汽车美容，路面行驶的汽车也许是灰尘和污垢堆积，色泽暗谈，甚至锈迹斑斑，这样将会形成与美丽的城市建筑极不协调的景象。因此，美化城市环境离不开汽车美容。

#### 2. 保护汽车

汽车美容集清洁、打蜡、除尘、翻新及漆面处理为一身，可以由表及里地还给汽车生命又一度"青春"。汽车美容是车辆美的缔造，它能及时清除车表尘土、酸雨、沥青等污染物，保持车表清洁，防止漆面及车身其他部件受到腐蚀和损害。同时，汽车打蜡不但能给车身以光彩亮丽的视觉效果，而且它的防紫外线、防酸雨、抗高温及防静电功能，能给汽车带来无微不至的"呵护"，汽车美容前后效果对比如图 1-2-5 所示。

图 1-2-5　汽车美容前后效果对比

室内美容在除尘、清洁的同时，施以特殊的工艺，进行必要的上光保护、翻新修补、杀菌及空气净化。

### 3. 为车主增添自信

汽车与人是一个密不可分的整体，爱美之心人皆有之，凡同汽车打交道者，其视点大多集中在车辆美学角度上。汽车外形也是车主形象的映照，如同现代个人的包装。人需要以整洁、得体、不同档次的服饰来表征个人的某些内在的意识、个性气质，乃至生活观念和生活态度。而作为汽车的拥有者和使用者，车主与汽车朝夕相伴，无疑它早已成为车主形象表征的重要组成部分，汽车美容可协助车主塑造一个全新的自我。

## 学习任务三 汽车装饰基础认知

### 📝 知识和技能目标

1）了解汽车装饰的定义和范畴。
2）掌握汽车装饰的分类、作用和施工项目的一些注意事项。

### 📝 过程与方法目标

1）灵活运用各种媒体资源查找汽车装饰业相关信息，提升自主学习能力。
2）提高自主学习新知识、新技术的能力。

### 📝 素养目标

1）提高对汽车美容装饰专业的兴趣和职业认同，提升对汽车美容装饰课程学习的了解程度。
2）体会个人专业、职业发展的重要意义，提高学习兴趣，养成良好的职业道德。

### 一、汽车装饰的定义与范畴

#### 1. 汽车装饰的定义

汽车装饰是汽车后市场高速发展而衍生出的一个新兴行业，主要指在原厂车辆的基础上通过加装、改装或更新车上装备和附件，以提高汽车的美观性、装饰性和安全性的行为。

　　伴随着我国汽车工业的迅猛发展，汽车保有量持续增长，越来越多的汽车进入千家万户，汽车正在由少数化、行政化走向大众化和个性化。与之相伴而来的是人们对于汽车的理解已经不再是单纯的代步工具，汽车已经由承载体变成文化和时代的象征。广大车主在车身造型设计、乘坐舒适性、装饰性等方面对汽车提出了更高的要求，汽车装饰业便应运而生。

### 2. 汽车装饰的范畴

　　很多从业人员在经营汽车美容装饰专营店时，始终面对这样一些尴尬的情况，例如，外观改变的车辆在交通主管部门审验车辆时无法通过，车身贴饰的车辆在正常行驶时被交警处罚或者车辆被扣等。

　　一般来说，对汽车进行装饰主要是根据车主的意图修饰汽车，然而修饰并非随心所欲地对汽车的外观和内饰进行修改，汽车装饰的过程必须遵循一些基本原则：一是必须严格按照国家相关法规执行，不得擅自更改或过度更改；二是涉及车辆安全的设施设备，必须在车主同意且符合规定的情况下进行，不得擅自对汽车安全部件进行修改，以免影响汽车的基本性能，从而给驾乘人员带来安全隐患。从业者在对消费者进行相关项目介绍以及建议消费者选择相关产品时应注意汽车装饰业务的范畴。

## 二、汽车装饰的分类

　　汽车装饰主要根据装饰的部位和装饰的作用进行分类。

### 1. 按照装饰部位分类

　　（1）汽车外部装饰　如顶盖、车窗、车身、车灯、车轮、底盘。图1-3-1所示为车门装饰，图1-3-2所示为车轮装饰。

图1-3-1　车门装饰　　　　　　图1-3-2　车轮装饰

（2）汽车内部装饰　　如地板、门内护板、门边饰板、篷壁、座椅、仪表板。图 1-3-3 所示为顶篷装饰，图 1-3-4 所示为门板内饰条装饰。

图 1-3-3　顶篷装饰

图 1-3-4　门板内饰条装饰

（3）其他装饰　　如车载电子电气设备、通信设备、智能设备、防盗防护设备。图 1-3-5 所示为加装定速巡航，图 1-3-6 所示为加装前后行车记录仪。

图 1-3-5　加装定速巡航

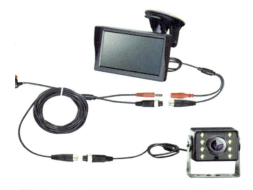

图 1-3-6　加装前后行车记录仪

### 2. 按照装饰作用分类

（1）美观性　　如个性贴花、车身大包围、空气扰流组件等。

（2）舒适性　　如天窗、座椅装饰、桃木装饰等。

（3）娱乐性　　如各种视听音响设备、娱乐设备等。

（4）防盗性　　如各种防盗设备和工具。

（5）保护性　　如保险杠、防撞胶条、防滚架等。

（6）便利性　　如电动门窗、中控门锁、车载电话、电子导航装置等。

（7）实用性　　如车载冰箱、车载氧吧、车载货架等。

（8）安全性　　如倒车雷达、可视倒车装置等。

### 三、汽车装饰项目注意事项

#### 1. 严格遵守相关法律法规

《机动车登记规定》中明确指出，机动车不得擅自改装。改变车身颜色，更换发动机、车身、车架的必须向车辆管理部门申请变更登记。驾驶人在提交申请后，必须要经过车辆管理部门批准后才可进行更改操作。同时，对车身、车架、发动机的变更，必须在已经损坏且无法修复，或者存在质量问题的情况才能进行改装。

增加车内装饰，小型汽车加装踏步件，以及货车加装防风罩、水箱、工具箱、备胎架等不需要办理变更登记。

#### 2. 禁用三色

在车身颜色的变更中，有三种颜色是不能使用的，即红色（消防专用）、黄色（工程抢险专用）、上白下蓝（国家行政执法专用），如图1-3-7所示。

图1-3-7　特种车辆

#### 3. 一切以行车安全性为原则

安全无论在任何时候都是最重要的，汽车行驶中小的问题都可能引起事故。选购汽车装饰用品绝对不能影响或妨碍驾驶与行车时的安全性，且在安装后必须多次试驾。

#### 4. 装饰用品讲究实用

购买的汽车装饰用品除美观外，还需考虑其实用性。应根据车内空间的大小挑选小巧、美观、实用的车内装饰用品。

### 5. 装饰用品不宜太多

车辆装饰讲究整洁，装饰用品不宜过多。车内空间有限，应做到舒适、整齐、干净等，避免给人压抑的感觉。其次不应盲目地对车辆进行装饰，不恰当的装饰会给行车带来很大的安全隐患，如小挂饰挡住视线，汽车脚垫移动影响制动踏板操作。汽车内饰用品太多，会引起车内空间杂乱。

## 学习任务四　汽车美容装饰环保与安全规范

### 📝 知识和技能目标

1）了解汽车美容装饰作业过程综合治理"三废"的有效途径。

2）掌握汽车美容装饰安全防护知识。

3）对汽车美容装饰施工安全操作规程有所认知。

### 📝 过程与方法目标

1）灵活运用各种媒体资源查找汽车美容装饰环保与安全规范相关信息，提升自主学习能力。

2）提高自主学习新知识、新技术的能力。

### 📝 素养目标

1）提高对汽车美容装饰专业的兴趣和职业认同，提升对汽车美容装饰课程学习的了解程度。

2）体会个人专业、职业发展的重要意义，提高学习兴趣，养成良好的职业道德。

汽车美容装饰在施工过程中必须坚持"预防为主，安全第一"的原则，防止发生火灾、中毒、触电等安全事故，同时应预防职业病，保障职工身体健康，确保人身和财产的安全。因此，作业人员必须学习和掌握有关安全防护方面的知识，严格按照安全操作规程进行施工。

## 一、汽车美容装饰环保

汽车美容装饰在施工过程中产生的废气、废水及其他污染物，如处理不当会导致大气、水质和土壤的污染，造成社会性公害。因此，治理"三废"是汽车美容施工中不可忽视的重要问题。

### 1. 废气的处理

汽车美容装饰在施工中产生的废气主要来源于喷涂过程中散发的雾状飞漆和溶剂挥发产生的蒸气。为防止造成大气污染，一般使用活性炭吸附法、催化燃烧法和直接燃烧法进行治理。

（1）活性炭吸附法　这种方法采用活性炭作为物理吸附剂，利用其毛细管的凝聚作用和分子间的引力，把有害物质吸附在活性炭表面，使废气得到净化。

活性炭吸附法使用的设备由预处理设备、吸附罐、后处理设备等组成。将有机溶剂挥发气体经过滤、抽风、冷却后送往吸附罐内，通过活性炭层直至饱和，再以一定压力的工业蒸汽处理饱和后的活性炭，使之析出被吸附的溶剂气体，然后将析出的溶剂气体与水蒸气混合物经冷却器冷却并使其分层，最后回收有机溶剂。

经活性炭吸附处理后，废气排放浓度可达到国家标准规定。该方法的优点在于可回收溶剂，可净化低浓度、低温废气，无需加热。缺点是需要预处理，以除去漆雾、粉尘、烟、油等杂质，同时，高温废气需要冷却。

（2）催化燃烧法　这种方法是将作为有机溶剂的气体加热至 200~400℃，通过氧化反应，可以在较低温度下燃烧，热能消耗少。其优点是设备较小，燃料费用低，$NO_x$ 生成少；缺点是需要良好的预处理，催化剂和设备价格较高。

（3）直接燃烧法　这种方法是将含有机溶剂的气体加热至 600~800℃，使其直接燃烧，进行氧化还原反应，转化为水和二氧化碳。其优点是操作简单，方便维护，无需预处理，有机物可完全燃烧，有利于净化高浓度废气，燃烧热可作为烘干室的热源综合利用。缺点是 $NO_x$ 排放增多，当单独处理时，燃烧成本较高。

### 2. 废水的处理

在汽车美容装饰的清洗、打磨等作业中，会产生大量废水，这些废水中含有清洗剂、油污、脏物等物质，需要进行净化处理，使之符合工业废水允许排放标准，以减少环境污染，保证水质卫生。

（1）油污的处理　清洗汽车车底、底盘时会产生大量含油废液。这种油污主要以乳化油的状态存在，油分子的粒径很小，不易从废液中去除，通常采用破乳→油水分离→水质净化的方法进行油污处理。

1）破乳：使用外加药剂破坏废液中乳化胶体溶液的稳定性，使其凝聚。

2）油水分离：通过破乳、凝聚处理，油珠和杂质生成絮凝，然后用物理方法使油水分层，去除沉淀，从而达到分离的目的。常用的油水分离的方法有自然浮上、加压浮上、电解浮上、凝聚沉淀和粗粒化等。

3）水质净化：经破乳、油水分离后，水中油分和有机物含量都会大大降低，但水中还存在着微量的油和一些水溶性表面活性剂，可通过吸附、过滤除去。常用的吸附、过滤材料有活性炭、焦炭、磺化煤以及聚丙烯纤维等。

（2）碱性废液的处理　汽车表面清洗大多采用碱性清洗剂，对废液中的碱采用中和法进行处理。一是将碱性废液与酸性废液互相中和，使 pH 值为 6~9。此法节省中和药剂，简便易行，成本低。二是采用加药中和，常用的中和剂为工业用硫酸或硝酸，此法效果好，效率高，但成本高。

### 3. 废物的处理

汽车美容作业中产生的废物较多，其中大部分是有害物质，必须进行妥善处理。这些废物主要有水性沉渣，如打磨沉渣、施工废渣，清除的旧漆膜、打磨粉尘、废旧容器、涂料废渣、废弃用品等。一般对易燃物可采取焚烧处理的方式。

### 4. 废水再利用

汽车美容装饰行业水消耗量较大，一个洗车工位平均每天消耗的水在 $10m^3$ 以上。我国是个严重缺水的国家，水资源的再生利用具有重要的现实意义。如果把洗车用过的废水进行处理后再利用，不仅可以节约用水、降低成本，而且可以减少水污染，是一项利国利民的益事。

废水再生利用的主要设备有水泵、蓄水箱、沉淀池、过滤槽和过滤塔等。其中过滤塔的结构最复杂，它由塔身和五道过滤层组成，过滤层从下到上依次为鹅卵石层、方解石层、棕纤维层、海绵层和净水剂层，如图 1-4-1 所示。

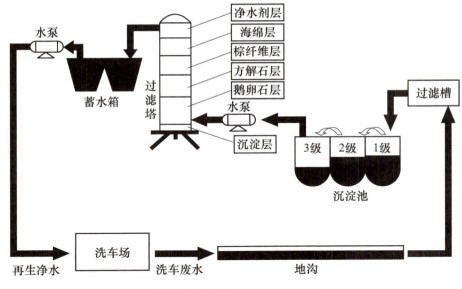

图 1-4-1 废水再生利用

（1）废水回收　首先是控制废水的流向。洗车场应建有封闭的废水回流地沟，确保洗车废水都能流入地沟，地沟的出口为过滤槽，如图 1-4-2 所示。

（2）初次过滤　初次过滤的目的是吸附、沉淀和去除部分泥沙等粗大颗粒。该工序在过滤槽中进行，过滤槽中设有方解石层、海绵层和净水剂层三道过滤层。之后废水进入沉淀池。

图 1-4-2 封闭的废水回流地沟

（3）沉淀处理　沉淀处理的目的是除去水中的悬浮颗粒。废水经初次过滤后进入沉淀池进行静态沉淀处理。沉淀池有三个或多个分池相连，每个池中放入适量的方解石和凝絮剂，相邻两个沉淀池在适当高度留有溢水口，以便循环水循序进入 1~3 级或多级沉淀池。经过沉淀处理的废水在水泵的作用下进入过滤塔。

（4）净化处理　这是废水的最后一次过滤，经过此次过滤的废水基本可以达到洗车用水的标准。净化处理在过滤塔中进行，废水在塔内依次经过鹅卵石层、方解石层、棕纤维层、海绵层和净水剂层进行净化。过滤出来的杂质沉淀于塔内底层，通过释放阀可将沉淀物排出。净化后的水最后注入蓄水箱，蓄水箱中的水经过一段时间的静置便可再次使用。

上述的废水再生利用所需设备和原材料很简单，技术和工艺要求不高，目前应用于广大汽车美容装饰行业。

## 二、汽车美容装饰安全防护知识

汽车美容装饰安全防护主要包括两大方面的内容：一是生产作业中不安全因素的分析和预防；二是已发生安全事故的处理。

### 1. 防火

在汽车美容作业中，尤其是涂料作业中，经常频繁使用涂料和溶剂，而其均属于易燃易爆物品。涂料本身遇明火会发生火灾，而作业中挥发的溶剂蒸气与空气混合，达到一定的浓度后遇到明火即会发生爆炸。

（1）火灾和爆炸的主要原因　在汽车美容装饰的施工中，涂料、溶剂和其他汽车美容用品多属易燃易爆物品。根据统计资料，涂装施工场所发生火灾和爆炸事故的主要原因有以下几个方面。

1）施工现场不具备安全防火条件，没有通风排气设备，挥发的溶剂不能及时排出，溶剂蒸气达到一定浓度，遇明火即爆炸。

2）电气设备未达到防爆等级；照明灯、电动机、电气开关没有安装防爆装置；电气设备选用不当或损坏未及时维修；在危险场合使用的照明器具、电动机开关及配线等，在结构上防爆考虑不充分，有产生火花的危险。

3）粘有油性涂料或溶剂的棉纱、碎布等擦拭物，长期堆积未及时清理，由于化学反应会渐渐发热以至于达到燃点而自动燃烧。

4）作业人员不遵守防火规则，在涂装现场使用明火（如吸烟）。

5）施工场所没有足够数量的灭火器、灭火沙及其他防火灭火工具。

（2）防火措施　为消除火灾隐患，应做好以下防火工作。

1）完善防火设施。涂装车间所有结构件都应采用耐火材料制成，并且通风良好。

2）按防爆等级规定安装电气设备。凡能产生电火花的电气设备和仪表都不得在施工场所使用。

3）严禁烟火。施工场所严禁吸烟，不准携带火种入内。车间及仓库都要设立"严禁烟火"的醒目标志，如图1-4-3所示。

4）防止冲击火花。涂装过程中应尽量避免敲打、碰撞、冲击、摩擦等操作。对于燃点低的涂料或溶剂，开封时，应用非铁工具（如铜、铝制工具）开启，避免产生火花，引起燃爆事故。

5）严防静电产生。在涂装施工中，由于摩擦而产生静电火花，是经常被忽视的隐患。为防止静电事故，施工场所的设备、管道、容器都应安装地线。

6）谨防自燃。粘有油性涂料或溶剂的棉纱、碎布等擦拭物，必须存放在指定地点，定期销毁，不允许与涂料及溶剂混放在同一场所。

7）避免积存过多的涂料。施工现场尽量避免积存过多的涂料与稀释剂，不可将盛装涂料的容器开口放置。

8）废料严禁随意排放。废弃的易燃溶剂和涂料要集中管理，并在安全场所销毁，严禁倒入下水道。

9）备足灭火器材。施工场所必须备有足够的灭火器、灭火沙及其他灭火工具，并定期检查更换，如图1-4-4所示。

图1-4-3 安全标识

图1-4-4 灭火器

10）及时灭火。当易燃物遇明火发生燃烧时，在保证自身安全前提下使用灭火器扑灭。若发生较大火灾，应立即报警，及时切断电源并关闭运转的设备和邻近车间的门窗，防止火势蔓延并组织扑救。

（3）灭火方法及火灾类型 燃烧的三要素是可燃物、助燃物与着火源，所以灭火的方法是隔离火源、隔绝空气或冷却降温，如图1-4-5所示。

1）隔离火源。发生火灾时，将火源与燃烧

图1-4-5 燃烧三要素

物迅速隔离，使之熄灭。

2）隔绝空气。在燃烧物周围切断助燃的氧气供给，使其自动熄灭，如漆桶着火，用盖子将桶盖住，或将惰性气体（二氧化碳等）喷射到燃烧物上。

3）冷却降温。用冷却液（如水）使被燃烧物的温度降低到着火点以下，即完成灭火。

### 2. 防毒

清洗剂、护理用品、涂料及溶剂大部分都含有毒性，喷涂时所形成的漆雾、涂膜在干燥过程中所挥发出来的溶剂气体通过人的呼吸道或皮肤渗入到体内，对人体神经系统和血液系统产生刺激与破坏，造成头晕、头痛、失眠、乏力和记忆力减退等症状，严重者还会造成人体血液系统的损坏。为防止发生中毒事故，在实际作业中应适当采取防护措施。

（1）控制有毒物质的浓度　为确保作业人员身体健康，必须采取有效措施控制空气中有害物质的浓度，使空气中的溶剂蒸气浓度降低到最高允许浓度以下。控制空气中有毒物质浓度的具体措施如下。

1）施工现场应有良好的通风换气设备，使空气流通，加速有害气体的散发，使空气中有害气体含量不超过卫生允许浓度。

2）有毒的尘雾和气体应经过净化处理后排入大气，排气风管应超出屋顶1m以上。

3）对毒性大、有害物质含量高的涂料严禁用喷涂法涂装。

（2）采取有效的防毒措施

1）限制使用违规或不符合安全规定的涂料和溶剂。

2）作业人员在操作时，应穿戴好各种防护用具，如活性炭过滤面罩、防尘口罩、供气式面罩、护目镜、抗溶剂手套、工作手套、防护服和安全鞋等，如图1-4-6所示。

3）施工时，当感到头痛、眩晕、心悸、恶心时，应立即离开现场，迅速到通风处呼吸新鲜空气，严重者应及时治疗。

4）随时注意个人卫生和保健，不能在施工场所进食、就餐、饮水和吸烟，工作服要隔离存放并定期清洗。工作结束后应淋浴，替换干净衣服，到室外呼吸新鲜空气，以加速排毒。

a）护目镜　　　　b）防尘口罩　　　　c）防护面罩

d）防护服　　　e）安全鞋　　　f）工作手套　　　g）抗溶剂手套

**图 1-4-6　各种防护用具**

### 3. 防电

当人体接触 36V 以上的电压时，会导致触电事故，受到电击伤害，严重者会导致死亡。在汽车美容装饰施工作业时，要杜绝触电事故发生。警示标志如图 1-4-7 所示。

1）严格遵守用电设备的安全操作规程。

2）定期检查用电设备和工具的接地线、绝缘导线，确保用电设备和工具完好无损。

3）手持式电动工具、照明灯等应使用 36V 以下的安全电源，使用时佩戴绝缘手套。

4）设备维护时一定要切断电源。

5）工具、设备或身体有水或呈潮湿状态时，应先进行干燥，然后才能进行施工操作。

**图 1-4-7　有电危险**

### 4. 其他安全防护

根据汽车美容与装饰各项作业的特点和要求，做好其他各方面的安全防护。

（1）保护眼睛　在使用清洁剂、油漆、溶剂、冷却液、制动液、蓄电池电解液等物品时，要佩戴化学防溅护目镜；在进行焊接时，要佩戴焊接面罩或焊接护目镜；在进行抛光、研磨等作业时，要佩戴透明护目镜。

（2）避免化学烧伤　清洁剂、油漆、溶剂、冷却液、制动液、蓄电池电解液等都有可能烧伤皮肤，使用时要佩戴防护手套，避免与皮肤直接接触，引起伤害。

（3）避免跌伤、碰伤    车辆举升时，必须确认支撑部位正确且可靠。举升后，必须进行安全支撑防护，确保作业人员的安全。避免车间地沟、湿滑地面造成的人员跌伤、摔伤，避免机器设备造成人员伤害。

## 三、汽车美容装饰施工安全操作规程

汽车美容装饰的各项施工都有相关安全操作规程，操作者必须在掌握安全操作规程后，才能进行施工作业。

1）作业人员必须从思想上重视安全工作，以高度的责任感和严肃的态度认真施工。施工过程中要树立安全第一、客户至上、精心服务的观念，严格遵守操作规程，杜绝事故的发生。

2）作业人员必须熟悉施工现场及周围环境，了解水、电、气等开关的位置及救护器材的位置，以备应急之用。

3）作业人员必须熟悉施工安全技术，掌握清洗剂的使用方法和误用后的急救方法。

4）注意用电安全，地线必须接地，防止漏电，使用电气设备时要严防触电，不要用湿手和湿物接触开关。施工结束后，要及时切断电源。在危险地点设立醒目标志。

5）现场作业人员需要直接接触酸、碱液体时，必须穿着规定工作服、胶靴，佩戴防腐蚀手套、防毒口罩。

6）清洗、护理作业现场必须整洁有序，严禁烟火，且应有消防设备、管路，要有充足的水源和电源，确保施工安全。

7）施工中排放的清洗废液应符合排放要求，不许随便乱排放。

8）施工安全工作要有专人负责，定期检查，并不断总结安全施工的经验，确保安全施工。

## 四、工具设备安全操作规程

### 1. 电动、气动工具安全操作规程

1）作业人员应熟悉所使用的工具。使用前应检查各零部件是否安装牢固，各紧固件连接是否牢靠，电缆及插头有无损坏，开关是否灵活并观察内部有无杂物。

2）使用前应检查所用电压是否符合规定，电源电压应尽量使用 220V，如电源电压为 380V，应检查接地是否良好，并注意地线标记。

3）使用电动工具操作时，应检查接地是否可靠，电线应有胶管保护。

4）使用过程中如发现有火花、异响、过热、冒烟或转速不足等现象，应立即停止使用，待专业人员修复后再继续使用。

5）工具在转动中不得随处放置，需要放置时应先关闭电源，待停止转动后再放下。

6）设备工具不用时应保持清洁，存放在干燥处，以防受潮与锈蚀。

#### 2. 照明装置安全操作规程

1）施工场地的照明设备应有防爆装置。

2）仓库照明开关应设在仓库外。

3）各种电气开关均应为密封式，且操作方便。

4）如果使用手持照明灯，必须使用 36V 以下的安全电源。

### 课程育人 1

随着"中国制造 2025"战略规划的实施和传统制造业的转型升级，庞大的汽车研发、制造、检测、维修、装饰与美容产业链，急需大量汽车专业高技能人才作为产业支撑。

汽车美容与装潢业旨在培养拥护党的基本路线，适应社会主义市场经济需要，德、智、体、美等方面全面发展，具有工匠精神的技术、技能人才。作为汽车美容与装潢专业的技能人员，必须具备注重细节、严守操作规范、刻苦钻研技术的精益求精的品质。必须深刻认识到：工匠精神不是口号，特别是汽车美容与装潢专业的师生们需要坚定对品质的执着追求，对技术的无限热爱，勤练技术，勤于思考，使自己真正成为名副其实的能工巧匠。

## 复 习 题

### 一、填空题（30分）

1. 专业汽车美容装饰与众不同之处，在于它自身的系统性、规范性和（　　）。

2. 汽车内饰清洁护理主要包括（　　）的清洁护理、（　　）的清洁护理和行李舱的清洁护理等项目。

3. 漆膜的美容主要分为（　　）、（　　）及修复美容三类。

4. 一个成熟的国际化汽车市场中，汽车的销售利润在整个汽车产业的利润构成中仅占20%，零部件供应的利润同样仅占20%，而占（　　）的利润是从汽车服务产业中产生的。

5. 广大车主在车身造型设计、乘坐舒适性、装饰性等方面对汽车提出了更高的要求，（　　）便应运而生。

6. 汽车外部装饰主要包括顶盖、车窗、（　　）、车灯、（　　）、底盘。

7. 汽车美容装饰在施工过程中产生的（　　）、（　　）及其他污染物，如处理不当会导致大气、水质和土壤的污染，造成社会性公害。

8. （　　）采用活性炭作为物理吸附剂，利用其毛细管的凝聚作用和分子间的引力，把有害物质吸附在活性炭表面，使废气得到净化。

9. 通常采用破乳→（　　）→（　　）的方法进行油污处理。

10. 涂装车间所有结构件都应采用（　　）制成，并且通风良好。

### 二、单项选择题（30分）

1. 以下属于汽车美容自理性保养的是（　　）。
   A. 贴膜　　　　　B. 打蜡　　　　　C. 抛光　　　　　D. 大包围

2. 汽车油漆耐酸、碱可以承受力的pH值在（　　）。
   A. 6.0　　　　　B. 7.0　　　　　C. 8.0　　　　　D. 9.0

3. 照明装置安全操作规程不包括（　　）。
   A. 施工场地的照明设备应有防爆装置
   B. 仓库照明开关应设在仓库外
   C. 各种电气开关均应为密封式，并操作方便
   D. 不可以使用手持照明灯

4. 汽车美容装饰主要项目不包括（　　）。

    A. 发动机舱清洁　　　　　　　　　　　B. 室内清洁

    C. 室外清洁　　　　　　　　　　　　　D. 更换机油

5. 汽车内饰清洁护理不包括（　　）。

    A. 车室　　　　　B. 发动机舱　　　　C. 行李舱　　　　D. 车漆

6. 漆膜的美容主要分为（　　）。

    A. 护理美容　　　B. 翻新美容　　　　C. 修复美容　　　D. 以上都是

7. 封釉主要有（　　）作用。

    A. 抗划痕　　　　B. 抗氧化　　　　　C. 耐酸碱　　　　D. 以上都是

8. （　　）用专用仪器将带有负离子的液态蜡，均匀地喷涂到车漆上，由于液态蜡带有静电，所以会自动吸附到车漆上，在车漆表面形成一层蜡质保护层。

    A. 打蜡　　　　　B. 镀膜　　　　　　C. 封釉　　　　　D. 镀晶

9. 施工过程中要树立（　　）的观念，严格遵守操作规程，杜绝事故的发生。

    A. 安全第一　　　B. 客户至上　　　　C. 精心服务　　　D. 以上都是

10. 汽车美容装饰现场作业人员需要直接接触酸、碱液体时，必须（　　）。

    A. 穿着规定工作服、胶靴　　　　　　B. 佩戴防腐蚀手套

    C. 佩戴防毒口罩　　　　　　　　　　D. 以上都是

11. 发生火灾时，将火源与燃烧物迅速隔离，使之熄灭的方法是（　　）。

    A. 隔离火源　　　B. 隔绝空气　　　　C. 冷却降温　　　D. 抑制灭火

12. （　　）是废水的最后一次过滤，经过此次过滤的废水基本可以达到洗车用水的标准。

    A. 废水回收　　　B. 初次过滤　　　　C. 沉淀处理　　　D. 净化处理

13. 以下汽车装饰体现实用性的是哪个（　　）。

    A. 桃木装饰　　　　　　　　　　　　B. 防盗设备

    C. 车载冰箱　　　　　　　　　　　　D. 可视倒车装置

14. 专业汽车美容不仅包含汽车清洗、漆面护理，还包括护理用品的选择与使用、（　　），是一项复杂而系统的工程。

    A. 漆膜缺陷的美容　　　　　　　　　　B. 汽车划痕修复

    C. 汽车装饰　　　　　　　　　　　　D. 以上都是

15. 汽车美容装饰作业应有针对性地选择项目和内容，进行（　　　）就能解决问题的不必进行全套护理，这样不仅提高效率，同时还能节省不必要的费用。

　　A. 预防护理　　　　B. 单项护理　　　　C. 局部护理　　　　D. 车主护理

## 三、判断题（20分）

1. 底盘防护处理不属于汽车美容的范畴。 （　　　）

2. 汽车专业美容不仅包括清洗、打蜡，还包括油漆护理。 （　　　）

3. 翻新美容是指受污染的漆膜因粗糙而造成表面失光，该情况的修复无需喷漆，可通过翻新美容操作还原其效果。 （　　　）

4. 注意用电安全，地线必须接地，防止漏电。使用电气设备时要严防触电，不要用湿手和湿物接触开关。 （　　　）

5. 在使用清洁剂、油漆、溶剂、冷却液、制动液、蓄电池电解液等物品时，要佩戴化学防溅护目镜。 （　　　）

6. 抛光是研磨后的第二道工序，用专用的海绵抛光盘，其目的是去除研磨留下的打磨痕迹。 （　　　）

7. 机动车可以擅自改装，不过要符合交通管理部门规定的范围。 （　　　）

8. 汽车修复美容一般先进行美容作业，然后进行漆膜修复。 （　　　）

9. 防爆隔热膜旨在给汽车玻璃添加一层保护，在与外界发生碰撞时起到防止玻璃爆碎与固定碎玻璃渣的作用，从而更好地保护车内乘客的人身安全。 （　　　）

10. 电脑洗车机属于大型固定式清洗设备，它是利用计算机控制高压水或控制毛刷与高压水结合来清洗整个汽车的一种全自动机器。 （　　　）

## 四、解析题（20分）

1. 简述汽车美容的含义。


2. 简述汽车装饰过程中应遵循的原则。

# 模块二 汽车外部清洁

汽车外部清洁是汽车美容的首要环节，同时也是一个重要环节。它既是一项基础性的工作，也是一项经常性的美容作业。汽车在使用过程中，车身表面会逐渐沉积灰尘和其他污垢，如果不及时清除这些污垢，不仅影响到汽车的美观，还会诱发锈蚀和损伤。因此，汽车外部清洁对保持车容美观和延长车辆使用寿命有着重要作用。

## 学习任务一 常用清洗设备的认知

### ✏️ 知识和技能目标

1）了解汽车清洗的分类及清洗到精洗的发展演变。

2）掌握汽车外部清洗的时机。

3）掌握汽车清洗剂的种类及常用清洗设备工具。

### ✏️ 过程与方法目标

1）灵活运用各种媒体资源查找汽车清洗的相关信息，提升获取信息和查找相关资料的能力。

2）提高自主学习新知识、新技术的能力。

### ✏️ 素养目标

1）提升对汽车清洗项目作业的兴趣和职业认同。

2）体会个人专业、职业发展的重要意义，提高学习兴趣，养成良好的职业道德。

## 一、汽车清洗的分类

汽车清洗分为普通清洗和精洗两种。普通汽车清洗就是传统意义上的手工洗车及隧道洗车，因其成本低、操作简捷，所以受到众多车友的青睐，如图 2-1-1 所示。

另一种是汽车精洗，其来自欧洲，所以也称"欧式汽车精洗"，2010 年末引进我国。汽车精洗是指汽车内外的清洗，比传统洗车更细致，更干净，如图 2-1-2 所示。

图 2-1-1　普通清洗　　　　　　　图 2-1-2　欧式精洗

## 二、汽车清洗到汽车精洗的发展演变

### 1. 原始阶段

汽车清洗是 20 世纪 80 年代，在车主对自有车辆清洗的基础上发展而成的。这种清洗方式仅有简单的洗车工具，如水桶、毛巾、自来水管等，对车辆进行简单的外表清洗，营业场所大多为路边临时建筑或露天作业，对社会车辆提供清洗服务。

**特征：**设施简陋，人员素质低，服务场所和人员均流动性较大，服务项目单一，基本未纳入政府部门管理，有部分洗车是为停车、餐饮招揽生意的附属服务。

### 2. 成长阶段

20 世纪 80 年代末至 90 年代初，汽车清洗使用基本的清洗工具、材料，如高压水枪、蓄水池、洗衣粉等，有相对固定的营业场所和从业人员，作为服务点基本纳入了工商税务部门的管理。

**特征**：由服务项目单一、技术要求无标准逐渐成长为一项社会需要的服务业，接纳了较多的农村劳动力。

### 3. 垄断阶段

1991—1993 年，各地政府部门为创建卫生城市，提升城市综合形象采取了一系列强制措施。在城市要道修建大型洗车场，拥有成套的专用设备，如清洗机、高泡机或大型自动洗车机进行流水线作业，并普遍使用洗车液，有专门的工作人员，但服务项目仍停留在外表的普通清洗。

**特征**：计划经济的产物，投入高、规模大、靠行政命令推行，因违背市场经济规律而很快消失。

### 4. 发展阶段

1993—1996 年，汽车清洗开始接受国外汽车美容护理的基本理念，由简单的外观清洗进入车内的美容护理，有专业的汽车清洗设备，如高泡机、吸尘器、洗衣机、脚垫烤干机等，使用专业的洗车液；从业人员也具备了一定的专业汽车护理常识，并且在护理的时候，根据汽车的具体情况，开始进行汽车内室的护理，从业者在数量上和质量上都有了较大的发展。

**特征**：同行之间的竞争不仅仅比拼价格，更主要的是服务质量，用优质服务去吸引顾客，赢取市场。

### 5. 专业阶段

1996—2003 年，汽车清洗行业开始涉足全面防锈、护理、养护等方面的汽车美容项目，并开始研究顾客潜在的需求。汽车清洗行业深刻领会并具体落实了专业洗车方式和科学的美容方法，统一进行汽车美容施工流程；从业人员专业素质较高，技术人员一般都是通过专业学校培训的。

**特征**：企业内部有较科学的管理制度，同行之间的竞争由硬性发展为软性，努力为客户提供享受式的服务，例如，在汽车美容店配上休闲茶楼、方便购物的精品店、供顾客活动的娱乐室等，并根据情况引导顾客消费。但这种配套的、专业的汽车美容服务店在全国只占 1/5 的比例。

### 6. 现代化阶段

2003 年以后，汽车清洗发展为品牌和规模化的汽车美容服务网络，表现为绿色、环保、以人为本的个性化服务。汽车美容店拥有专业的全套汽车美容技术和科学养护方式，使用绿色环保设备、绿色环保护理用品等，执行统一专业的施工操作流程。

特征：单就汽车清洗而言，无论大、中、小型汽车美容店，都通过增添一些附加服务项目，如车身柏油等污物的清除、轮毂清洗、发动机舱清洁等，逐渐由汽车清洗（普洗）过渡到了汽车精洗的阶段。

### 三、汽车外部清洗的时机

#### 1. 依天气来判断

（1）连续晴天　首先用除尘掸子清除车身的灰尘，再用湿毛巾或湿布擦拭前后风窗玻璃及车窗与两旁的后视镜。一般先清洁车顶，再清洁前后风窗玻璃、左右车窗、车门，最后清洁发动机盖及行李舱盖。如果一直为此种天气，大约一周做一次全车清洗工作即可。

（2）连续雨天　只需用清水喷洒全车，便可使车上的污物掉落。因为还会再下雨，接下来可用湿布或湿毛巾擦拭全车所有的玻璃。但当放晴之后，应进行全车清洗。

（3）忽晴忽雨　如果遇到此种天气，应经常清洗车身，这虽然很累人，但为求车身清洁也是不得已。

#### 2. 按行驶的路况来判断

（1）行驶在工地或行经工地　一般车辆都会沾上地面污泥，尤其是行经工地时，地上的水泥容易溅起。车辆被溅后应立即使用大量清水清洗，以免附着久了伤及车漆。

（2）行驶在海岸有露水或有雾区域　如驱车在海边垂钓过夜，因海水盐分大且又有露水，雾气湿重，倘若回来没有用清水彻底清洗，则易使车身钣金遭受腐蚀。

（3）行驶在山区有露水或有雾区域　在此种情况下，停车后使用湿毛巾或湿布擦拭车身即可。

#### 3. 根据污垢种类确定

（1）沥青或焦油　若车身表面附有沥青或焦油，无论是对深色漆面还是浅色漆面的车辆，视觉影响都是很大的，且沥青和焦油都是有机化合物，长时间附着于漆面会出现污斑，特别是丙烯酸面漆的汽车尤为明显。为此，车身表面沾上沥青或焦油必须立即清除，如图2-1-3所示。

（2）树胶、鸟粪和虫尸　汽车在露天停放，很容易粘附树胶、鸟粪和虫尸等污垢，对此必须及时清除，否则会腐蚀漆层而形成色斑，如图2-1-4、图2-1-5所示。

图2-1-3　车身表面沾染沥青　　　　图2-1-4　车身表面沾染树胶

（3）水泥　汽车在建筑工地上行驶时，车身表面容易沾染路面上的水泥粉，也必须及时清洗，以免水泥粉沾水后牢固地附着在漆面上难以清除，如图2-1-6所示。

图2-1-5　鸟粪粘到汽车上　　　　图2-1-6　车身表面沾染水泥粉

## 四、汽车清洗剂

清洗汽车时应使用专用的汽车清洁剂，按规定进行配制。现在常用的汽车外部清洁产品具备以下特点：具有超强的渗透清洗能力，能快速清除汽车油漆表面柏油、沥青、尘土以及新染的漆点等顽固污渍，令车辆光洁如新。

### 1. 洗车香波类清洗剂

洗车香波也称汽车香波（或清洁香波、洗车液），市场上的产品一般已形成系列，如图 2-1-7 所示。洗车香波类清洗剂含有表面活性剂，有很强的分解能力，能有效去除车身表面的油污和尘土之类的污物。有的产品含有阳离子表面活性剂成分，能去除车身携带的静电并防止交通膜的形成。洗车香波类清洗剂性质温和，呈中性，不破坏蜡膜，不腐蚀漆面，液体浓缩（使用时按比例加水稀释），泡沫丰富，使用便利而且经济。

### 2. 二合一香波类清洁剂

二合一香波类清洁剂含水蜡成分，集洗车与上光于一体，在洗车的同时也为车漆涂上一层薄薄的蜡膜，增加车身亮度。所以有时部分产品也被称为洗车蜡水，如图 2-1-8 所示。其适用于车身比较干净的汽车，洗车之后直接用毛巾擦干，再用无纺布轻轻抛光。

### 3. 泥沙松弛剂

泥沙松弛剂由多种表面活性剂复配而成，能快速松脱漆面上的泥沙、污渍，让泥沙自然滑落，避免因高压水枪冲洗而容易造成泥沙摩擦伤害车漆表面，如图 2-1-9 所示。

### 4. 交通膜清洁剂

汽车经过一段时间的行驶，由于车身静电吸附灰尘，时间久了会形成一层坚硬的薄膜，使原来艳丽的车身变得暗淡无光。这层交通膜可以用交通膜清洁剂（图 2-1-10）按一定比例稀释后喷到车身上，过一段时间后用高压水洗就可以轻松去除。

图 2-1-7
洗车香波

图 2-1-8
洗车蜡水

图 2-1-9
泥沙松弛剂

图 2-1-10
交通膜清洁剂

### 5. 铁粉去除剂

铁粉去除剂也称氧化层清洗剂，是除掉汽车漆面上氧化层的最佳药剂，如图 2-1-11 所示。铁粉去除剂是专门针对漆面氧化层的特性而研究的配方，能够彻底去除漆面及轮毂上的金属氧化物，特别适合白色车翻新时，配合魔术黏土使用，不需要抛光即可达到抛光的效果。深色车使用具有同样效果。

### 6. 开蜡水

开蜡水如图 2-1-12 所示，主要用于新车脱蜡或者旧车清洗脱蜡，所以又被称为脱蜡水或脱蜡剂。开蜡水有很强的分解能力，同时又能有效地去除车漆表面的沥青、油污等顽渍。此类用品属柔和型溶剂。

### 7. 水印去除剂

水印去除剂可以有效去除汽车漆面的水印痕迹。该产品有一定的腐蚀性，不可用于亮条等金属表面，如图 2-1-13 所示。

### 8. 水泥去除剂

水泥去除剂可以有效去除附着在车漆表面的水泥，保护漆面不受损伤，如图 2-1-14 所示。

图 2-1-11　　　　图 2-1-12　　　　图 2-1-13　　　　图 2-1-14
铁粉去除剂　　　　开蜡水　　　　　水印去除剂　　　　水泥去除剂

### 9. 无水亮洁剂

如图 2-1-15 所示，无水亮洁剂是新一代汽车美容养护产品，内含强力渗透剂、悬浮剂、棕榈蜡、表面活性剂等多种成分。车身表面喷上无水亮洁剂后，渗透剂会快速渗透到污渍的下面软化污垢；同时悬浮剂可有效使污渍与车漆产生间隙，在沙土颗粒和车漆之间形成保护层；棕榈蜡会包裹在污渍的周围使污渍与车漆隔离；再利用表面活性剂去除污渍，并增加漆面光洁度。使用无水亮洁剂可实现清洁、打蜡、上光一次完成，同时具有防紫外线、抗静电等多种功能。

### 10. 玻璃清洁防雾剂

无水洗车用的玻璃清洁防雾剂如图 2-1-16 所示，可做到高效去污、抗静电、防雾、防冻，长期使用可保持玻璃透明度，并防止反光。

图 2-1-15 无水亮洁剂  　图 2-1-16 玻璃清洁防雾剂

## 五、常用洗车设备与工具

### 1. 常用洗车设备

常用洗车设备见表 2-1-1。

表 2-1-1　常用洗车设备

| 设备 | 说明 | 图片 |
|---|---|---|
| 高压冷水清洗机 | 以普通的自来水为水源，通过其内部的电动泵加压，输出的水流压力可以按需要进行调节。用于气温较高的南方一带 | |
| 高压冷/热水两用清洗机 | 除了提供常温的高压水外，还增加了电加热装置，可调节输出高压水的温度，清洁效果更好，但能耗大，一般仅适于冬季寒冷的地区使用 | |
| 泡沫清洗机 | 能加入专用的清洗剂，通过压缩空气使清洗剂泡沫化，然后从泡沫喷枪喷出 | |
| 蒸汽洗车机 | 一种能够产生足够压力和气量蒸汽的用于清洗汽车的设备 | |

（续）

| | | |
|---|---|---|
| 无接触洗车机 | 是指依靠高压水喷射、多种洗车液配合来完成洗车全过程的一种洗车方式 | |
| 往复式洗车机 | 汽车停在固定的位置不动，洗车设备根据车型来回往复运动 | |
| 隧道式洗车机 | 将车驶入输送机定位，由输送机推杆推动车辆的前轮前进，进行冲水、洗车、打蜡、风干等流程 | |
| 空气压缩机 | 用于提供充足的达到预定压力值的高压清洁压缩空气 | |
| 水枪 | 作为高压清洗机的附件与高压清洗机配套使用，是重要的清洗设备 | |
| 气枪 | 与空气压缩机配套使用，是重要的清洗、除尘设备 | |
| 洗车发泡枪 | 是专业的低压泡沫洗车工具。通过灵活的组合方式，实现喷洒洗车水蜡和低压软水冲洗车辆 | |
| 无水洗车机 | 用于无水洗车也称作微水洗车，是使用少量的水再配合洗车药液来进行洗车的一种方式 | |

常用洗车设备主要有高压清洗机、泡沫清洗机、蒸汽洗车机、无接触洗车机、全自动电脑洗车机、空气压缩机、水枪和气枪、洗车发泡枪、无水洗车机等。

（1）高压清洗机　高压清洗机主要用于汽车外表、发动机、底盘和车轮等的清洗，是现代汽车美容的必备设备之一。它以普通的自来水为水源，通过其内部的电动泵再加压，输出的水流压力可以按需要进行调节。压力大时，能将粘附于底盘上的泥土冲洗下来。而冲洗风窗玻璃和钣金部分时，水压可调小一点，以免造成损伤。

高压清洗机分为高压冷水清洗机和高压冷／热水两用清洗机。前者用于气温较高的南方一带；后者除了提供常温的高压水外，还增加了电加热装置，可调节输出高压水的温度，清洁效果更好，但能耗大，一般仅适于冬季寒冷的地区使用。高压清洗机的种类很多，性能不一，价格差别也较大。高压冷／热水两用清洗机一般由水泵、加热装置和传动机构等组成，配套的部件主要有进水软管和出水软管、各种规格喷枪、刷洗用的毛刷等。

（2）泡沫清洗机　泡沫清洗机为汽车美容清洁用的主要设备之一，有气动和电动两类。它与高压清洗机的不同之处在于其输出的水不但可以增压，而且能加入专用的清洗剂，通过压缩空气（由空气压缩机提供）使清洗剂泡沫化，然后从泡沫喷枪喷出，喷枪能将泡沫状的清洗液均匀地涂覆于车身外表，浓稠的泡沫容易捕集污垢粒子，通过化学反应，起到极佳的除尘和去油污作用。泡沫清洗机的主要操作要领如下。

1）打开加水阀和排气阀，加入清水，以水柱标高为准，然后按比例加入清洗剂。

2）关好加水阀和排气阀，然后用快速接头接上空气压缩机，再将工作气压调至245kPa（压力开关顺时针调节为增加压力，逆时针调节为减小压力）。

3）以上工作准备好后，开动空气压缩机，当压力表压力升至245kPa时，打开喷枪阀开关，即可喷射出泡沫，喷射距离为5~7m。喷射距离可用压力来调节。

（3）蒸汽洗车机　蒸汽洗车机是一种能够产生足够压力和蒸汽的用于清洗汽车的设备。

蒸汽清洗为柔性清洗，利用蒸汽热降解原理，用柔和的蒸汽与附着在汽车表面的污垢结合，并使其软化、膨胀、分离，再用干净抹布将剩余的污垢和少许的水渍去除。蒸汽清洗有助于漆面的保护和缝隙的清洁，并且含水量少，不损伤电路，能够有效清洗汽车发动机、仪表板、空调口等部位。一边用蒸汽冲，一边擦干，一个流程就能顺利清洗完汽车，操作更加简单、快捷。

蒸汽清洗工作效率高，单人 10min 可清洗一辆汽车，是最有利于汽车车漆保护及环境保护的清洗方式。

（4）无接触洗车机　无接触洗车机是依靠高压水喷射、多种洗车液配合来完成洗车全过程的一种洗车设备，如图 2-1-17 所示。无接触洗车机的优点在于机器结构简单，投资少，单纯洗车比人工洗车速度快，效率高；缺点是属于半自动产品。无接触洗车机的主要操作步骤是清洗→泡沫→清洗→烘干→人工。洗车时间大约为 15min。

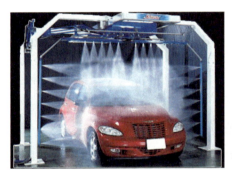

图 2-1-17　无接触洗车机

现在国内的大部分无接触洗车机一般都只是重点清洗车辆的两侧，对于车头和车尾，基本上都是用高压水冲洗，顺带湿润一下，并不能去掉全部灰尘。当然有些洗车机能够解决这个问题，但是还是需要人工擦拭一下。

（5）全自动电脑洗车机（简称自动洗车机）　全自动电脑洗车机是一种通过计算机设置相关程序实现自动清洗、打蜡、风干等工作的机器，主要由控制系统、电路、气路、水路和机械结构构成。全自动电脑洗车机技术先进，造型美观，有多种全自动洗车程序可供选择。它通过光电系统检测，经计算机分析计算出各种动作的最佳位置和力度，达到最佳的洗车效果。

全自动电脑洗车机能自动闪避后视镜、旗杆等部位，确保洗车安全；电脑洗车洗净力强、含水量大、不伤车，对车身油漆的磨损程度为手工洗车的 30%以下，电脑洗车刷压力均匀、洗车速度及方向稳定。

全自动电脑洗车机分为龙门往复式洗车机和隧道式洗车机两大类。

1）龙门往复式洗车机。一般国际上习惯称为往复式洗车机。往复式洗车机的特点是汽车停在固定的位置不动，洗车设备根据车型来回往复运动，能实现自动冲洗底盘、自动喷专用洗车液和水蜡、自动仿形刷洗、自动仿形风干。往复式洗车机占地面积小，投资成本低，但洗车速度较慢，比较适合小型洗车厂或者是洗车量较小的地区使用。

2）隧道式洗车机。优点是洗车速度快，而且可以连续洗车。缺点是对场地要求严格；前期场地施工时，耗资也比较大一些；耗水、耗电比较多。

隧道式洗车机的洗车方式是将车驶入输送机定位，由输送机推杆推动车辆的前轮前进，进行冲水、洗车、打蜡、风干等流程。当前一辆车离开输送机定位后，第二辆车即可驶入定位，完成上述动作。这种连续流水线的洗车方式，能够快速完成冲洗、洗车、打蜡、风干等作业，如图2-1-18所示。

图2-1-18    隧道式洗车机的洗车流程

（6）空气压缩机    空气压缩机是汽车美容护理以及维修的通用设备之一，应用范围很广。空气压缩机在汽车美容护理方面主要用于提供充足的达到预定压力值的高压清洁压缩空气，以确保汽车美容护理作业车间所有的气动设备都能有效工作，如高压泡沫机、喷枪、气动打磨机、气动抛光机、钣金件的干燥除尘设备等各种气动工具以及轮胎充气等。

（7）水枪和气枪    水枪作为高压清洗机的附件与高压清洗机配套使用，是重要的清洗设备，种类较多：有的带快速接头，可进行快速切换，有的带长短接杆，使用更为方便。高级水枪带喷水压力和喷水形状调节装置。在汽车清洗中应用高压水枪，不但可以提高清洗作业的质量，极大地保护漆面，同时也可提高清洗作业的效率。

气枪与空气压缩机配套使用，是重要的清洗、除尘设备，有的气枪带有快速接头，可进行快速切换。气枪通常为外购件，不随空气压缩机附送。

（8）洗车发泡枪    洗车发泡枪是专业的低压泡沫洗车工具，通过灵活的组合方式，实现喷洒洗车水蜡和低压软水冲洗车辆。其优势在于杜绝高压水柱对汽车漆面造成的损害，节省场地和设备，提高洗车档次和效率。

（9）无水洗车机  用于无水洗车也称作微水洗车，主要是使用少量的水再配合洗车药液来进行洗车的一种方式，适用于社区以及地下车库等。无水洗车机将清洗上光、上蜡融合在一起，省时省力，比固体上蜡方便得多，而且清洗质量要比固体上蜡光亮。

### 2. 常用清洁工具

常用清洁工具见表2-1-2。

**表 2-1-2  常用清洁工具**

| | | |
|---|---|---|
| 专业洗车海绵 | 这种海绵柔软、弹性好、吸水性强，清洗汽车时能使沙粒或尘土很容易深藏于海绵的气孔之内 | |
| 毛巾 | 需要准备多块毛巾，是人工清洗和擦拭汽车不可缺少的工具 | |
| 擦车手套 | 擦拭车身时戴在手上便于操作，同时又可利用手套上的绒毛吸纳灰尘，避免划伤漆面 | |
| 麂皮 | 用于擦干车身表面。麂皮的质地柔软，有利于漆面的保护，具有良好的吸水能力 | |
| 洗车毛刷 | 主要用于轮胎、挡泥板等处附着泥土、污垢的清除 | |

在进行汽车清洗作业时，由于汽车表面各部位的材料质地和形状不同，应选用合适的清洁工具。常用清洁工具包括专业洗车海绵、毛巾、擦车手套、麂皮、洗车毛刷等。

（1）专业洗车海绵　这种海绵柔软、弹性好、吸水性强，清洗汽车时能使沙粒或尘土很容易深藏于海绵的气孔之内，因此可以避免因擦洗工具过硬或不能包容泥沙而给车身表面造成划痕，有利于保护漆面及提高作业效率。使用前，让海绵吸入适量已经配好的洗车液，有利于清除车漆上附着力较强的污垢。

（2）毛巾　毛巾是人工清洗和擦拭汽车不可缺少的工具。专业汽车美容场所需要准备多块毛巾，包括大毛巾、小毛巾、湿毛巾、半湿毛巾和干毛巾等。大毛巾主要用于车身表面的手工清洗和擦拭；小毛巾主要用于擦洗车身凹槽、门边及内饰部件等处的污垢；湿毛巾、半湿毛巾和干毛巾在清洗、擦拭车窗玻璃时应结合使用。为保证清洗效果，在擦拭过程中不应有细小纤维的脱落，为此普通手巾和浴巾难以满足要求，一般在洗车中所用的毛巾和浴巾都用无纺布制成。

（3）擦车手套　擦拭车身时戴在手上便于操作，同时又可利用手套上的绒毛吸纳灰尘，避免划伤漆面。

（4）麂皮　麂皮主要用于擦干车身表面。麂皮的质地柔软，有利于漆面的保护，具有良好的吸水能力，尤其是对车身表面及玻璃水膜的清除效果极佳。在洗车作业中，一般先用毛巾或浴巾对车身表面进行吸水擦干后，再用麂皮进一步擦干，以利于延长麂皮的使用寿命。另外，在选用麂皮时，尽可能选择皮质韧性好、耐磨性好、较厚的麂皮。

（5）洗车毛刷　洗车毛刷主要用于轮胎、挡泥板等处附着泥土、污垢的清除。由于上述部位泥土附着较厚，一般不易冲洗干净，所以在洗车时要用洗车毛刷有针对性地进行刷洗。

## 学习任务二　汽车外部清洗

### ✎ 知识和技能目标

1）了解汽车清洗的概念，区分现代美容洗车与传统洗车的区别。

2）掌握汽车外部清洗的分类及各种清洗方法的特点。

3）掌握汽车外部清洗工艺。

### 📝 过程与方法目标

1）灵活运用各种媒体资源查找汽车外部清洗的相关信息，提升获取信息和查找相关资料的能力。

2）提升自身制订工作计划、解决问题、优化决策的能力。

### 📝 素养目标

1）提升对汽车清洗项目作业的兴趣和职业认同。

2）体会个人专业、职业发展的重要意义，提高学习兴趣，养成良好的职业道德。

3）通过实践培养自身良好的职业素养、工作态度和责任感。

通过外部清洗，可以除去汽车表面的泥沙、灰尘及其他一些附着物，使汽车整体保持整洁美观。现在常用的洗车方式有手工洗车、电脑洗车和无水洗车。

## 一、汽车清洗的作用

### 1. 汽车清洗的概念

汽车清洗是采用专用设备和清洗剂，对汽车车身及其附属部件进行清洁处理，使汽车保持或再现原有风采的基本美容工序。

### 2. 现代美容洗车与传统洗车的区别

（1）目的不同　传统洗车是去除汽车表面的泥土、灰尘等，它仅仅洗去了汽车表面上的浮落物，而对粘附在车漆上具有较强氧化性的沥青、树胶、鸟（虫）粪便和嵌入车漆深处的铁粉等是无法去除的。

美容洗车则是在传统洗车的基础上，内涵扩大到清除漆面氧化物和车漆保养的范畴，不仅洗去了汽车表面的浮尘，还用专业技术将粘附在汽车表面上的有害物质除去，就连嵌入车漆深处的铁粉等有害物质也能彻底除去，如图 2-2-1 所示。因此，美容洗车正逐步代替传统洗车。

（2）材料不同　传统洗车是用洗衣粉、肥皂水、洗涤剂洗车。虽然肥皂水、洗衣粉、洗涤剂能分解一些油垢，但会造成车漆氧化、失光，严重时还会腐蚀金属和加速密封胶条的老化。

美容洗车是指用洗车液洗车。专用洗车液呈中性，用非离子表面活性剂制成，能使污渍分解、浮起而轻松被洗掉，其化学成分不会破坏车漆，对车漆还具有保护作用。

（3）技术不同　传统洗车大多由非专业人员操作，无法从技术上保证洗车的效果，而美容洗车的员工都经过严格的正规训练（图2-2-2），能熟练地借助现代化的设备和高性能的清洗用品进行洗车作业，在洗车速度和洗车质量上都大大地超过了传统洗车。

图 2-2-1　除去车漆深处的铁粉

图 2-2-2　美容洗车

（4）对环境影响不同　传统洗车作业场所一般不规范，随时随地就可实施，甚至是"一人、一桶、一抹布"。这样的洗车不但影响了城市形象，而且清洗产生的泥沙及废水还会造成城市的环境污染，也造成了水资源的浪费。专业美容洗车的作业场所固定，配套设备齐全，将洗车水经过多次沉淀、过滤、消毒和软化处理后反复利用，不仅节约了宝贵的水资源，保护了环境，而且保证了洗车的质量。

### 3. 汽车外部清洗的作用

汽车外部清洗是指采用净水和清洗剂，通过专用设备和工具，对汽车车身进行的清洁处理，其作用如下。

（1）保持汽车外观整洁　汽车在行驶中经常置身于飞扬的尘土中，雨雪天气有时还要在泥泞道路上行驶，车身外表难免被泥土沾污，影响汽车的外观整洁。为使汽车外观保持清洁亮丽，必须经常对汽车进行清洗。

（2）清除大气污染的侵害　大气中有多种能对车身表面产生危害的污染物，

尤其是酸雨的危害性最大。它附着于车身表面会使漆面形成有色斑点，如不及时清洗还会造成漆层老化。轻微的酸雨可用专用去酸雨材料清除，严重的酸雨需使用专业的设备和清洗剂才能彻底清除。为此，车主应定期将汽车送到专业汽车美容店进行清洗。

（3）清除车身表面顽渍　车身表面如粘附树胶、鸟粪、虫尸、焦油、沥青等顽渍，若不及时清除就会腐蚀漆层，给护理增加难度。为此，车主要经常检查车身表面，一旦发现具有腐蚀性的顽渍应尽快清除；如已腐蚀漆层，必须到专业汽车美容店进行处理。

## 二、汽车外部清洗的分类

### 1. 手工洗车

手工洗车（图 2-2-3）是指在进行清洁的过程中运用一些专用设备和专用药剂进行的快速清洁方式。小规模的洗车店面大多采用这种模式。

a）　　　　　　　　　　　　　　　b）

图 2-2-3　手工洗车

### 2. 电脑洗车

电脑洗车是指在整个洗车过程中每道工序都采用现代全自动专用设备对汽车进行外表清洁，最后由人工完成角落遗留水分的去除。大型连锁企业或专业汽车美容服务企业多采用这种模式。

（1）电脑洗车设备的特点　电脑洗车设备是利用计算机对毛刷和高压水实施控制来清洗汽车的一种设备，其特点如下。

1）高效省时：人工简单清洗一辆车通常要花费 25min，而电脑控制洗车设备 1min 左右即可清洗一辆车。

2）不伤漆面：据测试，电脑洗车 50 次后车漆磨损 < 0.0003mm，而人工洗车磨损 > 0.001mm。

3）耗水量少：电脑洗车设备一般都能对水进行循环利用，通常人工清洗一辆车用水量 50L 左右，而配备污水循环净化器的电脑洗车设备清洗一辆车仅耗水 0.7L 左右。

（2）电脑洗车设备的结构类型 电脑洗车设备主要由计算机控制装置、电路、气路、水路、机械结构和控制机构组成，按其工作方式可分为固定式和移动式两种。

所谓固定式，就是洗车机不动，汽车缓慢通过洗车机的工作区域，洗车机按照相应的指令程序清洗汽车的工作方式，如隧道式连续汽车清洗机、大（中、小）型通道式汽车清洗机等。

所谓移动式，就是汽车不动，洗车机按照一定的程序在导轨上来回移动，同时执行洗车指令的工作方式，如往复式汽车清洗机、大（中、小）型移动式汽车清洗机等。

（3）隧道式电脑洗车机的结构和功能 在一些发达国家，很早就在推广使用全自动洗车，为了保持街道和城市的清洁，往往在一些主要道路的出入口安装这种设备，如图 2-2-4 所示。隧道式电脑洗车机各系统的布置如图 2-2-5 所示。

图 2-2-4 隧道式电脑洗车机

图 2-2-5 隧道式电脑洗车机各系统的布置

1）输送机系统：当汽车开进隧道时，车轮的引导系统可以使汽车停在输送机的停车坪上。

**注意：**驾驶人此时要将收音机关闭，电动天线收回；挡位放至空挡，刮水器至零工位。输送机系统可以使准备清洗的汽车通过隧道完成清洗。输送机系统如图 2-2-6 所示。

2）高压喷水系统：采用强力电动机和水泵产生高压水，对汽车的外表进行冲洗，将汽车上微小的沙粒和灰尘除去，然后进行刷洗。高压喷水系统如图 2-2-7 所示。

图 2-2-6　输送机系统

图 2-2-7　高压喷水系统

3）一对前小刷：前小刷主要针对汽车下面行驶部位外表面进行刷洗。一般来说，汽车下面行驶部位的污垢比上面严重，所以汽车下面要多刷几遍，如图 2-2-8 所示。

4）高泡沫喷洒系统：该系统对汽车喷洒泡沫洗车液，以增强清洗去污的能力。

5）滚刷系统：前侧大滚刷一对、前顶滚刷一个、后顶滚刷一个、轮刷一对和小刷一对组成隧道式洗车机的滚刷系统。

6）亮光蜡喷洒系统：在滚刷刷洗之后，亮光蜡喷洒系统对汽车车身进行清洗后的护理，使车身漆膜更加鲜艳光亮。

图 2-2-8　自动洗车机洗车

7）强力吹风系统：由前风机和后风机组成，用清洁的高压空气将车身吹干。

8）擦干系统：由特殊的绒毛布条组成，将风干后残留的水痕彻底擦拭干净。

9）操作系统：由控制箱和操作控制台组成。

### 3. 无水洗车

无水洗车（图 2-2-9）是指使用专用的无水药剂针对不是很脏的汽车进行的清洁处理。由于其所用设备的特殊性，一般在停车场布置较多。

图 2-2-9　无水洗车

## 三、汽车外部清洗工艺

普通清洗主要是用自来水进行汽车冲洗。洗车前要准备好高压洗车机、刷子、毛巾、海绵及备用水桶等清洗工具，如图 2-2-10 所示。人工高压水枪洗车要配合擦洗和刷洗，清除汽车表面的尘土和污垢。人工高压水枪洗车简便易行，成本低，但清洗效果不稳定，质量不易控制。

a）水桶　　　　　b）毛巾　　　　　c）海绵　　　　　d）除尘掸子

图 2-2-10　人工洗车用品

目前，汽车美容店洗车以高压水洗车为主。通常规范的洗车步骤包括操作准备、漆面预洗、泡沫清洗、污垢冲洗、全车脱水和质检六个步骤。注意车身擦干后，通常应根据客户要求对汽车进行护理作业。

### 1. 操作准备

1）人员着洗车服装，穿防滑鞋，摘下手表和戒指，以防刮伤漆面。

2）调试高压清洗机，并准备好毛巾、麂皮、洗车香波、泡沫清洗剂等洗车工具和洗车用品。

3）操作者引导驾驶人把待清洗的汽车开到洗车的停车位置并停放平稳，拉紧驻车制动器操纵杆，将发动机熄火，关好车窗和车门，车内不要留人。

### 2. 漆面预洗

如图 2-2-11 所示，首先将泥沙松软剂均匀喷洒至车身外表上。此步骤主要目的是松动、软化泥沙，使其更易冲洗，防止沙粒在漆面摩擦产生划痕。如若前保险杠及后视镜发现虫尸，则需在喷洒预洗液之前将虫胶去除剂均匀喷涂在需要清除的部位。轮毂及轮眉内侧注意不要遗漏，为下一步做好铺垫。

然后调整高压水枪的压力。打开高压水枪开关，用高压水枪从车顶向下将粘在车身表面的泥沙冲洗掉。要按顺序进行，避免有漏掉的部位。如果车身较脏，可以反复冲洗，如图 2-2-12 所示。

图 2-2-11　喷洒泥沙松软剂

图 2-2-12　高压水枪冲洗

冲洗的顺序：前机盖→前杠→右前翼子板→右前轮及护罩→前挡→车顶→右前门→右后门→右侧下槛→右后翼子板→右后轮及护罩→后机盖→后杠→左后翼子板→左后轮及护罩→车顶→左后门→左前门→左侧下槛→前挡→左前翼子板→左前轮及护罩。

提示：轮胎轮毂和轮眉要反复多次冲洗才能冲洗干净。

### 3. 泡沫清洗

将配制好的清洗液涂于车身表面，一般有三种方法。

（1）用泡沫清洗机清洗　用泡沫清洗机将清洗剂与水混合变成泡沫，并在高压下将泡沫喷到车身外表，每个部位都要喷到，浸润几分钟，依靠泡沫的吸附作用，使清洗液充分地渗透于车身表面污垢。

（2）用洗车海绵蘸清洗液清洗　将清洗液与水按说明书规定的比例混合，用洗车海绵蘸上清洗液从前向后有顺序地将车身擦一遍，如图 2-2-13 所示。两人分左右同步使用羊毛手套对车辆进行擦洗，可以并排擦拭和回字形擦拭。打泡沫的顺序：前机盖→前杠→前翼子板→前挡→前门→后门→后翼子板→行李舱盖→后杠→车顶。

（3）用洗车发泡枪清洗　准备一个 20L 的空容器，将 400~600mL 的洗车香波兑约 20L 水稀释，稀释完毕后将洗车香波倒入发泡枪的罐子里，然后将发泡枪直接接在自来水水管上，按动扳机，就会有大量的高性能泡沫喷到车身上，如图 2-2-14 所示。这种方法在洗净车身的同时灰尘和沙土可以被泡沫包裹起来，不会对车漆造成划痕。

图 2-2-13　泡沫清洗　　　　　　　图 2-2-14　用洗车发泡枪清洗

## 4. 污垢冲洗

擦洗完毕待泡沫消失后，再用高压水枪对车辆进行冲洗，确保无泡沫残留，轮胎护罩及下槛要清洗干净。冲洗顺序同上，但这时应以车顶、上部和中部为重点，如图 2-2-15 所示。

## 5. 全车脱水

用专用的吸水毛巾将整个车身表面进行第一遍擦干处理，从前杠开始到后机盖结束，此步骤可将前后机盖、前后风窗玻璃及车顶的水珠大致脱干，如图 2-2-16 所示。擦好后再用气枪将车身缝隙中的积水吹干净，如图 2-2-17 所示。从前往后对格栅、前照灯、后视镜、门把手、板间缝隙、加油口、后机盖标志吹水，避免在车辆行驶中水再次流出，弄脏车身。最后再用干毛巾均匀地

图 2-2-15　污垢冲洗　　　　　　图 2-2-16　用吸水毛巾进行擦干处理

将整个车身擦拭一遍，尤其注意门框、门槛、边缝等部位，如图 2-2-18 所示，将车漆擦出光亮来。

图 2-2-17　边缝吹水　　　　　　图 2-2-18　门边擦拭

### 6. 质检

（1）自检　在验收前，操作者应提前做好准备，按验收标准，自行检查验收一次。看清洗是否有遗漏，是否达到标准要求。外部饰件应无尘土、无污垢、无水痕；玻璃应光亮如新，无划痕。如发现存在问题，应及时补救处理，以便顺利通过验收。自检时，尤其要对发动机边沿及内侧、车门边沿及内侧、车门把手及内侧、油箱盖内侧、车身底部、轮胎及排气管等处重点进行检查。

（2）共同检查　由车主、质检员和操作者三方对汽车清洗效果进行检查验收。

## 学习任务三　其他部位清洗

### ✏️ 知识和技能目标

1）了解汽车其他部位清洗项目及重要性。

2）掌握汽车其他部位清洗所需使用的设备、工具和材料。

3）掌握汽车其他各部位清洗的工艺流程及注意事项。

### ✏️ 过程与方法目标

1）灵活运用各种媒体资源查找汽车其他部位清洗的相关信息，提升获取信息和查找相关资料的能力。

2）提升自身制订工作计划、解决问题、优化决策的能力。

### 📝 素养目标

1）提升对汽车其他部位清洗项目作业的兴趣和职业认同。

2）体会个人专业、职业发展的重要意义，提高学习兴趣，养成良好的职业道德。

3）通过实践来培养自身良好的职业素养、工作态度和责任感。

## 一、汽车底盘清洗

### 1. 底盘清洗的重要性

汽车底盘通常看不到，由于其部位特殊，车底挡泥板及车身下边缘的弯曲部位泥污、脏物极易堆积，堆积附着物的水分又不容易蒸发，时间稍长不做清理则容易生锈、腐蚀。所以，汽车底盘要进行定期清洁。

### 2. 底盘清洁的设备、工具和材料

底盘清洁的设备、工具和材料主要有举升机、高压水枪（高压热水冲洗机）、钢丝刷或铲刀和保护剂等。

### 3. 底盘清洁的主要作业流程

1）将汽车用举升机抬升至工作高度，或者将汽车开到地沟槽平台上。

2）如图 2-3-1 所示，用高压水全面冲洗底盘，有可能的话，最好使用高压热水冲洗机冲刷以去掉脏物，只用自来水很难冲洗干净。冲洗时对边缘部分、弯曲部位以及四轮的挡泥板等部位更应仔细冲洗，有时还需配合使用较软的钢丝刷或铲刀来除去顽固残留脏物，但操作要小心，不要损伤保护涂层。

3）如图 2-3-2 所示，使用工作灯仔细检查车身底部和底盘、悬架等处有无生锈。如果生锈或有伤痕，则用砂纸打磨去除浮渣、

图 2-3-1　汽车底盘清洗

锈污，然后先后涂上防锈漆和底盘沥青涂料。

4）有必要的话还可以对汽车底盘部位全面喷涂保护剂。喷涂之前，应先卸下四个车轮，将轮毂、减振器、排气管及转向节等有相对运动的接合表面，以及其他不得喷涂的部分用防涂纸进行覆盖。当必要的防涂遮蔽工作完成后，才能进行喷涂作业。

图 2-3-2　底盘的检查

### 4. 清洁的注意事项

1）为确保在举升设备下作业的安全，有必要定期对举升设备进行维护保养。两柱举升机的四个防滑支撑垫容易破损，必须经常检查。

2）部分车辆的四轮挡泥板处，另外安装塑胶拱罩，必要时应拆下来清洗，并用高压水彻底冲洗挡泥板及翼子板内侧。

3）排气管因高温不得喷涂底盘涂料，但可以喷涂专用排气管保护剂，如图 2-3-3 所示。

摇晃罐子至混合均匀，按下喷头来回喷涂

喷后约 2h 即可使用

图 2-3-3　喷涂专用排气管保护剂

4）发动机舱下部无底托板或底托板破损时，必须先遮蔽，然后进行底盘涂料的喷涂作业。

## 二、轮胎与轮毂的清洁

### 1. 轮胎与轮毂清洁的重要性

汽车依靠轮胎与地面的摩擦力产生驱动力而行驶。由于轮胎与路面的接触，溅起的泥水、尘土、油脂和沥青等使轮胎和轮毂的外表非常脏，同时附在上面的一些酸、碱性物质也会慢慢地产生侵蚀作用，使轮胎过早老化，甚至龟裂。

因此经常清洗轮胎和轮毂，保持其外表的清洁和亮丽十分必要。轮胎和轮毂的清洁并不难，关键是要去除外表的沥青和恢复光亮。

## 2. 轮胎与轮毂清洁的材料

（1）轮胎清洁剂（又称轮胎泡沫光亮剂） 轮胎清洁剂含有独特的活性高分子成分，能在汽车轮胎表面迅速形成一层光亮的保护膜，从而达到汽车轮胎去污、上光、保护一步完成的效果；富含紫外线吸收剂，能彻底保护汽车轮胎不受紫外线辐射的影响，延长轮胎的使用寿命。轮胎清洁剂如图 2-3-4 所示。

（2）轮毂清洁剂 轮毂清洁剂的性能特点是有效去除轮毂上的油渍和氧化色斑，并清洁上光。轮毂清洁剂呈弱酸性，但对轮毂及轮胎无腐蚀作用。轮毂清洁剂如图 2-3-5 所示。

（3）轮胎保护剂（光亮剂） 轮胎保护剂如图 2-3-6 所示，能阻隔阳光中的紫外线，避免轮胎褪色、老化以及龟裂。轮胎保护剂的使用方法如下。

图 2-3-4 轮胎清洁剂

图 2-3-5 轮毂清洁剂

图 2-3-6 轮胎保护剂

1）使用前充分摇匀。

2）将轮胎清洗擦干。

3）距离 25cm 处喷洒在轮胎上。

4）2min 后，待保护剂干后轮胎即光亮如新。

## 3. 轮胎和轮毂的清洁方法

（1）高压清洗 用高压洗车机冲洗轮胎和轮毂外表以及挡泥板内侧的泥沙及尘土，然后用毛巾擦拭，如图 2-3-7 所示，去除粘附的浮土。

（2）喷涂轮胎清洁剂 轮胎清洁剂不仅对橡胶有极强的去污力，而且不伤轮胎。喷涂 1~2min 后再用毛巾擦拭。

（3）清洁轮毂 轮毂清洁剂能强力去除油污和沥青，喷涂后用软毛刷洗刷，如图 2-3-8 所示，这样不会损伤金属表面。

（4）喷涂保护剂 轮胎和轮毂清洁后，用水冲洗干净，再用压缩空气吹干，最后喷涂轮胎保护剂，可使两者的外表焕然一新，并且能保持轮胎的柔软并延缓老化。

图 2-3-7 清洁轮胎

图 2-3-8 清洁轮毂

### 4. 轮胎和轮毂清洁的注意事项

轮胎与轮毂清洁时所使用的材料都比较专一，不能滥用，否则不但清洁效果差，反而会给轮胎与轮毂带来损害。

## // 课程育人 2 //

职业院校培养的学生，未来将直接从事生产服务第一线工作，他们将直接面对消费大众。学生在从事汽车外部清洁工作的时候，不仅要具备过硬的专业知识，更要具备良好的职业道德。

首先，要培养学生爱岗敬业的理念。要懂得在社会主义制度条件下，人民群众的工作只有分工不同，没有高低贵贱的区分，"三百六十行，行行出状元"，同学们要对自己的专业充满信心并由衷喜爱，在专业领域中实现自己的人生价值。其次，要培养学生诚实守信的理念。孔子言"人而无信，不知其可也"。作为汽车美容与装饰的专业从业者，应该在从事自己的职业活动中具有诚实劳动、合法经营、信守承诺、讲求信誉的道德品质。最后，要培养学生服务群众的理念。社会主义道德建设的核心是为人民服务，服务群众是汽车美容与装饰技术职业活动的内在需要，失去了服务群众的思想意识和理念，难以在这个行业获得成功。

## 复 习 题

### 一、填空题（30分）

1. 汽车外部美容主要是指车身漆面的美容，包括（　　　）、开蜡打蜡、研磨抛光和封釉镀膜。

2. 车身表面如粘附树胶、鸟粪、虫尸、（　　　）、（　　　）等顽渍，如不及时清除就会腐蚀漆层，给护理增加难度。

3. （　　　）是新一代汽车清洗工具，它采用一种高压装置将水加压到10MPa，形成高压水柱，对车体表面污渍进行清理。

4. 车身污垢包括（　　　）、（　　　）、附着物。

5. 洗车液主要是用来去除车身表面的（　　　）、（　　　），保护车身不受各类有害物质的侵蚀，保持漆面光泽，有效保护车漆。

6. 车身清洗在车身表面温度冷却至（　　　）以下进行，环境温度应保持在（　　　）。

7. 水枪离漆面应该在（　　　）以上，水花与漆面夹角为（　　　）。

8. 在进行汽车清洗作业时，（　　　）用于轮胎、挡泥板等处附着的泥土、污垢的清除。

9. 电脑洗车设备主要由计算机控制装置、电路、气路、水路、机械结构和控制机构组成，按其工作方式可分为（　　　）和移动式两种。

10. 轮胎上光保护剂用于轮胎（　　　），起到清洁、上光、抗老化等作用。

### 二、单项选择题（30分）

1. 哪种情况不需要及时洗车？（　　　）
   A. 连续晴天
   B. 连续雨天后放晴
   C. 经常跑工地
   D. 车上有树胶

2. 优质汽车清洁香波的pH值应当为（　　　）。
   A. 5.5~6.5　　　B. 6.5~7.0　　　C. 7.0~7.5　　　D. 7.5~8.0

3. 汽车清洗剂主要有（　　　）。
   A. 洗车香波　　　B. 泥沙松弛剂　　　C. 铁粉去除剂　　　D. 以上都是

4. （　　　）可实现清洁、打蜡、上光一次完成，同时具有防紫外线、抗静电等多种功能。

    A. 无水亮洁剂    B. 水泥去除剂    C. 水印去除剂    D. 开蜡水

5. 车辆清洗后在擦干时应注意先擦（　　　）。

    A. 中间                        B. 离自己最近的一边

    C. 容易够得着范围的 4 个边        D. 离自己最远的一边

6. 轮胎和轮毂清洁后，用水冲洗干净，再用压缩空气吹干，最后喷涂（　　　），可使两者的外表焕然一新，并且能保持轮胎的柔软并延缓老化。

    A. 超能开蜡剂    B. 保护蜡         C. 轮胎保护剂    D. 亮光蜡

7. 在进行汽车清洗作业时，（　　　）主要用于擦干车表面。

    A. 海绵             B. 毛巾             C. 麂皮            D. 板刷

8. 使用泡沫清洗机时应将工作气压调至（　　　）MPa。

    A. 0.2~0.4      B. 0.4~0.55    C. 0.55~0.65    D. 0.65~0.7

9. 连续晴天，大约（　　　）做一次全车清洗工作。

    A. 每周             B. 每月             C. 每季度        D. 每年

10. 汽车美容装饰作业所使用的海绵一般应具有较好的（　　　）能力。

    A. 吸水             B. 去污             C. 藏土藏尘    D. 耐磨

11. 甲醇和甲醛等对人的（　　　）有毒害作用。

    A. 神经系统    B. 造血系统    C. 呼吸系统    D. 消化系统

12. 大气中有多种能对车身表面产生危害的污染物，尤其是（　　　）的危害性最大，它附着于车身表面会使漆面形成有色斑点，如不及时清洗还会造成漆层老化。

    A. 树胶             B. 鸟粪             C. 虫尸            D. 酸雨

13. 在冲洗玻璃时水枪压力一般不要超过（　　　）MPa。

    A. 0.4          B. 0.6          C. 0.7          D. 0.5

14. 全自动电脑洗车机是一种通过计算机设置相关程序实现自动（　　　）等工作的机器。

    A. 清洗             B. 打蜡             C. 风干            D. 以上都是

15. 汽车外部清洗的作用包括（　　　）。

    A. 保持汽车外观整洁            B. 清除大气污染的侵害

    C. 清除车身表面顽渍            D. 以上都是

### 三、判断题（20分）

1. 国外汽车销售商的利润来源中，一般汽车销售利润所占的
   比例最大。 （　　）

2. 经常用掸子拂拭前后风窗玻璃表面的灰尘是一种好习惯。 （　　）

3. 移动式清洗机主要由电动机、管路、喷枪等组成。 （　　）

4. 汽车在海岸边行驶以后，应及时对车辆进行清洗。 （　　）

5. 当发现新划痕时，一定要及时告知顾客，以取得沟通。 （　　）

6. 电脑洗车设备是利用计算机对毛刷和高压水实施控制来清
   洗汽车的一种设备。 （　　）

7. 汽车清洗中，能用强力型的产品就不用柔和型的。 （　　）

8. 最后一遍用清水冲洗车身时应以车顶、上部和中部作为重点。 （　　）

9. 首先使用清洗剂均匀喷洒至车身外表上。此步骤主要目的是
   松动、软化泥沙，更易冲洗，防止沙粒在漆面摩擦产生划痕。 （　　）

10. 夏季不要在直射的阳光下洗车。 （　　）

### 四、解析题（20分）

1. 简述如何按行驶的路况来判断汽车外部清洗。

2. 简述汽车冲洗后全车脱水的步骤。

# 汽车内部清洁与美容护理

汽车就是一座流动的"房屋"，汽车车厢内部是驾驶人在驾驶汽车时使用最多的场所。汽车在开关门的时候、打开车窗的时候，各种灰尘霉菌等会直接进入到汽车内部；还有的驾驶人喜欢在车内吸烟，日积月累下来汽车内部将形成各种污垢及难闻的异味。对汽车内部进行清洁与美容护理，可以消除各种污垢及异味，还可控制各种霉菌和细菌的滋生，提供一个清洁、美观、舒适的行驶氛围，同时也保护汽车内饰并延长其使用寿命。

## 学习任务一 汽车车内清洁

### 知识和技能目标

1）了解汽车车内清洁的作业和主要项目。

2）掌握汽车车内清洁所需的材料、设备与工具。

3）掌握汽车车内清洁工艺。

### 过程与方法目标

1）灵活运用各种媒体资源查找汽车车内清洁的相关知识，提升获取信息和查找相关资料的能力。

2）提升自身制订工作计划、解决问题、优化决策的能力。

### 素养目标

1）提升对汽车车内清洁项目作业的兴趣和职业认同。

2）体会个人专业、职业发展的重要意义，提高学习兴趣，养成良好的职业道德。

3）通过实践来培养自身良好的职业素养、工作态度和责任感。

## 一、车内清洁的作用与主要项目

### 1. 车内清洁的必要性

汽车在长期的使用过程中，会不可避免地出现泥沙污染、香烟焦油斑、汗渍，以及室内外通风所带来的花粉、粉尘污染，致使车内空气受到污染，进而细菌滋生，甚至产生难闻异味，使丝绒发霉、真皮老化，既影响车主身心健康又不利于驾驶心境。因此，为了创造良好的驾乘环境，定期做车内清洁就显得很重要。

### 2. 车内清洁的作用

（1）创造良好的车内环境，保护健康  汽车内饰中的地毯、座椅、空调风口、行李舱等处，经常接触潮湿的空气或水渍，在特定的环境中，这些地方最易令细菌滋生，使内饰霉变，散发出臭气，不但影响车内空气环境，更重要的是对驾乘人员的健康造成了威胁。汽车内饰美容清洗将成为驾乘人员健康的"保护神"。

（2）保护汽车内饰并延长其使用寿命  车室的清洁、杀菌、除臭，可以有效地防止各种污物对车室内地毯、真皮座椅、纤维织物等的腐蚀。

### 3. 常见的车内清洁主要项目

1）全车内部吸尘，如图 3-1-1 所示。

2）仪表板和方向盘的清洁，如图 3-1-2 所示。

3）座椅的清洁，如图 3-1-3 所示。

4）车身内壁（包括顶篷和地毯）的清洁，如图 3-1-4 所示。

5）地毯和踏脚垫的清洁，如图 3-1-5 所示。

6）车内消毒和喷空气清新剂，如图 3-1-6 所示。

图 3-1-1  车内除尘

图 3-1-2  仪表板清洁

图 3-1-3　座椅的清洁

图 3-1-4　顶篷的清洁

图 3-1-5　脚垫清洁

图 3-1-6　车内消毒

## 二、车内清洁的材料

车内设备多，结构复杂，材料又各不相同，因此必须采用不同的清洁方法和用品。车内清洁所需的材料和护理用品比较多，大概分为以下几类。

### 1. 强力顽渍去除剂

强力顽渍去除剂产品性能特点：配方独特，可用于地毯、家具、乙烯基和丝绒坐垫等物品的清洁；独特的清洁头刷可使很难的清洁工作变得非常容易，去除表面顽渍，可达到很高的清洁度；清洁并恢复地毯和丝绒饰物的原有本色；特别适用于布质、丝绒和尼龙内饰物。强力顽渍去除剂如图 3-1-7 所示。强力顽渍去除剂的使用方法如下。

1）用前先摇匀。

2）在不明显的地方检查保色性。

3）距离污渍表面 15~25cm 处喷射。

4）让泡沫停留 20~30s 以浸透污渍。

5）用干净的湿布或海绵在脏处呈圈状反复擦洗。

6）再用湿布和海绵擦干净。

图 3-1-7　强力顽渍去除剂

7）待干后，将有污渍的地方用干布擦一下或用吸尘器吸干。

**使用强力顽渍去除剂时应注意：**有毒，避免与皮肤、眼睛接触，儿童勿近。

### 2. 皮革清洁剂

皮革清洁剂的性能特点：清洁所有真皮装饰件，去除表面污渍，并恢复皮革的原有本色；可以保护皮革制品。皮革清洁剂如图 3-1-8 所示。皮革清洁剂的使用方法如下。

用前先摇匀，在皮革表面沾有污物或污渍的部位均匀地喷洒，停留 3min 后，用干净毛巾反复擦拭直至恢复原有的清洁表面，几分钟后，用干净的软布反复擦拭，即可恢复原有光泽。对污垢比较严重的地方，可以重复擦拭数遍。

### 3. 抗菌泡沫清洗剂

抗菌泡沫清洗剂采用环保型可降解表面活性剂和新型长效无毒抗菌剂制成，不仅具有超强的深层清洁效能，可清除污渍，而且在使用后可长时间抑制物体表面所粘附的各种病菌，防止病菌的传染，从而更好地保护驾乘人员的健康。抗菌泡沫清洗剂如图 3-1-9 所示。

抗菌泡沫清洗剂不含磷酸盐，不会污染环境，对皮肤无刺激性，泡沫细腻丰富，气味芳香，使用方便安全。

### 4. 万能泡沫清洗剂

万能泡沫清洗剂是一种可生物降解的多功能泡沫型"干洗剂"，适用于任何待清洁的物体表面，具有超强的渗透清洁能力，作用迅速，去污力强，气味芬芳，泡沫丰富，使用安全。万能泡沫清洗剂如图 3-1-10 所示。万能泡沫清洗剂的使用方法如下。

图 3-1-8　皮革清洁剂

图 3-1-9　抗菌泡沫清洗剂

图 3-1-10　万能泡沫清洗剂

1）用前先摇匀，距离 10~20cm 直接喷射于待清洁的物品表面。

2）停留 20~30s 后，用软布抹去即可。

3）对于一般纤维材料的清洁，均匀喷上后，停留 20~30s，在泡沫未干前用吸尘器吸去；对于污渍严重的部位，喷上后使用软刷在污渍上擦拭，再用吸尘器吸去。必要时可以进行二次处理。

4）对于纤维物品的清洁，应首先在不明显的部位喷上少量，测试是否褪色或起斑点，若正常即可使用；均匀喷上后，应停留片刻，让清洁剂泡沫充分渗透，用刷子或湿布在污渍部位充分擦拭后，再用干布抹净。

5）用于玻璃或金属表面时，应在清洁泡沫干透前擦拭干净，以防出现斑点。

### 5. 塑料清洁剂

塑料清洁剂是一种专门用于塑料件表面清洁的弱酸性清洗剂，广泛用于各种类型的塑料表面处理。塑料清洁剂主要是由高渗透性助剂与多种表面活性剂组成的水基清洁剂，能够快速有效地清洁，如图 3-1-11 所示。

### 6. 地毯、脚垫的清洁剂

地毯、脚垫的清洁剂如图 3-1-12 所示，包括泡沫清洗液或专用地毯清洗液。车内地毯及装饰品清洁剂的产品性能如下。

图 3-1-11　塑料清洁剂　　　图 3-1-12　地毯、脚垫的清洁剂

1）可去除地毯、丝绒和其他车内饰品上的油泥、污物和灰尘。

2）可防止车内饰品老化。

3）不含对车内饰品及人体有害的成分。

**使用方法**：将该产品喷到需清洗的物体表面上，然后用刷子刷理，最后用吸尘器吸干即可。

**注意事项**：避光保存。

### 三、车内清洁的主要设备和工具

#### 1．车内清洁的主要设备

车内清洁的主要设备见表 3-1-1。

表 3-1-1　车内清洁的主要设备

| | | |
|---|---|---|
| 真空吸尘机 | 一般采用 360° 旋转吸口和多级过滤装置，过滤层更换简单，能十分方便地伸进各个角落部位，快速地吸去灰尘 | |
| 车用蒸汽机 | 在很短的时间产生大量的高温蒸汽，喷射于需要清洁的内饰表面上，起到快速灭菌的作用 | |
| 车用多功能清洗机 | 将电加热热水器与真空吸尘器合二为一，在喷出热水的同时又能吸去水分 | |
| 专用脱水机 | 容量大、转速高，能在几分钟内达到很好的脱水效果 | |
| 高效多功能洗衣机 | 集清洗、脱水、烘干和免烫等功能于一体 | |

车内清洁的主要设备有真空吸尘机、车用蒸汽机、电热式喷水 / 吸尘 / 吸水多功能清洗机、高效多功能洗衣机等。

（1）真空吸尘机　车内经常有大量的灰尘积聚，特别是座椅上和一些角落部位的灰尘很难清除，需要用吸尘机清理。真空吸尘机一般采用360°旋转吸口和多级过滤装置，过滤层更换简单，能十分方便地伸进各个角落部位，快速地吸去灰尘。为了方便在不同空间进行工作，常见的接头有正方形、圆形、长方形。

（2）车用蒸汽机　车内饰和地毯等纤维、绒布织品容易积聚污垢，使细菌容易繁殖，而除尘机只能除尘，无法清除细菌。车用蒸汽机能在很短的时间产生大量的高温蒸汽，压力可达0.40MPa，温度可达120℃，蒸汽喷射于需要清洁的内饰表面上，具有快速灭菌的作用。

（3）电热式喷水/吸尘/吸水多功能清洗机　电热式喷水/吸尘/吸水多功能清洗机将电加热热水器与真空吸尘器合二为一，在喷出热水的同时又能吸去水分。现在国产化的电热式喷水/吸尘/吸水多功能清洗机，市场上有多种规格。

（4）高效多功能洗衣机　汽车上的座椅套、头枕套等织物容易弄脏，每隔一段时间就需要进行清洗。为了节省车主的时间，汽车美容店应该创造条件，做好全方位的服务工作，在美容的同时，做好织物的清洗工作。汽车美容店的洗衣机必须是集清洗、脱水、烘干和免烫等功能于一体的高效多功能洗衣机。

## 2. 车内清洁的工具

车内清洁的工具见表3-1-2。

表3-1-2　车内清洁的工具

| 静电吸尘刷 | 可以吸附车室内肉眼无法看见的粉尘或漂浮物，防止室内粉尘超标 | |
| --- | --- | --- |
| 除尘手擦套 | 一般采用100%的高级羊毛、羊皮制作而成，表面羊毛细腻，去污力强，能去除汽车内部的灰尘、污渍、油污等 | |

（续）

| 内饰清洁刷 | 用于汽车空调出风口、车内缝隙、中控台和边角位等位置的清洁 | |
| --- | --- | --- |
| 内饰清洗海绵 | 环保、高密度、耐用、去污力强 | |
| 内饰毛巾 | 吸水性强、质地柔软、不伤内饰 | |

## 四、车内清洁工艺

### 1. 车内除尘

1）取出车内的脚垫、地毯和各种杂物，依次规整地进行放置。

2）如果脚垫为纤维织物，则抖去尘粒，用高效多功能洗衣机进行清洗、烘干。如果脚垫是塑料制品，则可以直接使用高压清洗机进行冲洗，然后使用毛巾擦干。

3）对车上的烟灰缸进行清理，高级车型烟灰缸的数量为五个，中控台一个，四个门上各一个。将烟灰缸取出，倒掉杂物或者用吸尘器吸干净。

4）用真空吸尘机自上而下吸去顶篷内衬、头枕、椅背、坐垫和地板上的灰尘。

5）地板的吸尘工作要分两次操作，首先采用方接头将车内的沙粒吸走，然后更换带刷子的吸头，针对纤维材料的内饰边刷边吸，主要是吸掉灰尘。要特别注意地板拐角部位的尘垢，必要时应反复吸除至干净。

### 2. 座椅的清洁

座椅的使用频率极高，沾有人体汗渍和细菌，是车内清洁的重点。座椅的面料有丝绒、人造革或真皮，不同的面料要使用不同方法。同时应该注意，织物和皮革的颜色是通过吸收染料而形成的，有机染料会与某些清洁剂发生化学反应，出现褪色现象，当首次使用清洁剂时，应先在座椅面料不显眼的地方进行试用。

（1）丝绒面料座椅的清洁　丝绒面料的特点是柔顺、色泽丰富以及乘坐舒适，但容易吸附烟尘和汗渍。丝绒座椅的清洗分为手工清洗与机器清洗两种方法。

1）手工清洗法。这是目前内饰件清洗的主要方法。如图3-1-13所示，将丝绒清洁剂喷到污物、油脂处，稍停数分钟，用纯棉质毛巾用力压在脏污处，挤出溶有油污和污物的液体，用干布擦干净清洗部位，还可用小刷子配合清洗。丝绒清洁剂又称多功能清洁柔顺剂，具有清洁、柔顺和着色三种功能，因此清洁和护理可以一次完成。

2）机器清洗法。利用机器对清洗部位喷洒清洁剂或清水，先对清洗部位冲洗或冲刷一遍，再用吸尘、吸水机抽吸一遍，用干净毛巾擦干，也可用高压空气或热风吹干，从而达到清洁的要求。具体步骤如下。

①拧开蒸汽清洗机加水口，将丝绒清洁剂装入蒸汽清洗机中，并加水至刻度最高，拧紧加水盖。

②插上电源，合上预热开关，当压力表指示仪读数为0.30~0.40MPa时可进行作业。

③如图3-1-14所示，用小清洗头清洗座椅表面，边扒边洗，若绒毛较脏，可反复清洗几遍，边扒边用纯棉毛巾擦洗。

④用小清洗头边扒边吸靠背上的污物，直至将整个座椅清洗干净。

图3-1-13　用纯棉质毛巾擦干净清洗部位　　图3-1-14　机器清洗法清洗座椅表面

3）清洁丝绒面料时的注意事项如下。

①要求使用的清洁剂不能影响绒毛材料的颜色，座椅面不应该褪色。

②必须采用专用的清洁剂，如丝绒清洁剂进行处理，绝对不能用漂白粉。因为漂白粉对丝绒制品的柔顺性、光亮度和颜色都有很大的影响。

③必须对丝绒座椅进行消毒，除去丝绒表面和渗进内部的沾染物及油垢。

④要保持或恢复丝绒即纤维性材料本身的柔顺性，座椅面不应该有毛球。

（2）皮质面料座椅的清洁　汽车座椅使用的材料有两种：一种是化纤，另一种是真皮或人造革。真皮制品最常见的损坏就是老化、龟裂和褪色。它们的清洁护理方法有些不同，对于化纤织物，应选用专用的化纤织物清洗剂，不能使用碱性较强的洗衣粉或清洁剂。

对于人造革座椅，可采用擦拭法清洗。即先用半湿毛巾进行擦拭，擦拭时，应从上往下逐一擦拭，然后用干的清洁毛巾再擦一遍即可。如果局部有油污、印痕未擦掉，可用毛巾蘸一点仪表板蜡进行擦拭，即可去除。

如图 3-1-15 所示，对于真皮座椅，可选用真皮清洁剂擦拭，再用真皮护理剂进行深层护理。皮革表面有许多细纹，这些细纹容易吸附污垢，且很难彻底清除干净。清洁护理时切不可使用洗衣粉，否则不仅清洗不干净，还会影响美观、产生裂纹而影响使用寿命。真皮座椅的清洁护理方法如下。

图 3-1-15　真皮座椅的清洁

1）将真皮表面用软布揩擦干净，除去其上的尘土、水汽。

2）将清洁剂喷覆到真皮座椅表面，稍停 1~2min，让清洗剂有效地润湿和分解硬结在表面的油污。

3）用纳米海绵和内饰刷进行清理，比较脏的缝隙可以使用缝隙刷刷洗，确保纹路及缝隙内的污物清理干净。

4）使用内饰毛巾擦干，喷洒清水雾减少清洗剂的残留，再使用干净的内饰毛巾擦干。

5）待真皮表面干燥后，将皮革保护剂均匀地喷覆在其表面，浸润 1~2min，并用干净毛巾反复擦拭，直至表面光亮如新。若光亮度不够，可多次喷覆擦拭。真皮上光后要进行必要的风干或烘干干燥处理。

### 3. 仪表板和方向盘的清洁

（1）仪表板的清洁　仪表板是汽车附属功能控制、使用的控制面板，形状复杂，开关、仪表数量多，有些仪表板为了与汽车造型相适应，其外形更加复杂，最容易藏污纳垢。如覆盖有人造皮革或真皮的仪表台，由于皮革表面纹路多或附有毛孔，长期操作使用和触碰按钮，容易附着污物或滋生病菌，应认真清洁。仪表板的清洁方法如下。

1）中控台电子元器件较多，尽量不要将内饰清洁剂喷洒到中控台上，使用细节刷刷洗浮灰，用半干毛巾将仪表板擦拭一遍，检查是否有积垢过多的地方，如图 3-1-16 所示。

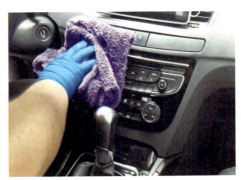

图 3-1-16　清洁中控台

2）在积垢过多或有油渍的部位，如用毛巾无法清除，可先喷洒万能泡沫清洗剂或表板蜡进行擦拭，用软毛刷刷除，然后喷洒皮革清洁剂，再用干净的干毛巾擦拭，最后用麂皮吸去其上的水分。

3）在清洁仪表板上的塑料装饰件时，如用毛巾无法清除，可先喷洒万能泡沫清洗剂或表板蜡进行擦拭，用软毛刷刷除，然后喷洒塑料保护剂，再用干净的干毛巾擦拭，最后用麂皮吸去其上的水分，如图 3-1-17 所示。

4）仪表板上的电镀装饰件，用无纺布蘸少许镀铬保护剂进行擦拭，擦至恢复光亮即可。

（2）方向盘的清洁　方向盘容易积聚各种污垢，由于驾驶人在驾驶的过程中，手时刻都与方向盘接触，所以手上的汗渍沾到方向盘上就比较多。方向盘有多种材质，大多以塑料、人造革和真皮为主。如果是塑料材质，应用塑料清洁剂清洁；如果是人造革和真皮材质，应用真皮清洁剂清洁，可使用细节刷进行刷洗，用内饰毛巾擦干，最后使用吹尘枪吹干，如图 3-1-18 所示。

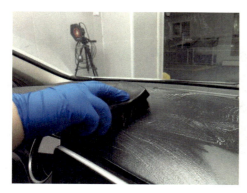

图 3-1-17　清洁仪表板

图 3-1-18　清洁方向盘

（3）清洁仪表板和方向盘时的注意事项

1）清洁仪表板和方向盘时，使用的清洁剂不能喷到方向盘、座椅支撑处和仪表板之外。也就是说不要与金属制品表面接触，以防腐蚀汽车上的金属。

2）由于清洁用的清洁剂为易燃物，不可置于易燃处，使用时严禁烟火。

### 4. 车顶篷的清洁

车顶篷内衬多为人造革或化纤混纺材料制作。因绒布具有吸附性，车顶篷的主要污染物是它吸附的烟雾、粉尘及头部油脂。车顶篷清洗有机器清洗法和手工清洗法两种。

（1）机器清洗法　如图 3-1-19 所示，一般以吸尘器配合专用吸头，由前到后进行大面积的吸尘处理。若污物粘附很牢，可用专用清洁剂清洗。具体方法如下。

1）用干净的毛巾包裹小清洗头，并打开蒸汽开关，出气量调整至适中。

2）用蒸汽清洗机的小清洗头边扒边吸，进一步清洁绒毛。

3）对于绒毛上的大面积顽渍，可先喷覆丝绒清洗剂，而后用蒸汽清洗机将高温蒸汽清洗液喷覆在待清洁的绒毛顽渍上。

4）再配合毛刷刷洗绒毛上的顽渍，即可收到良好的清洁护理效果。

（2）手工清洗法

1）如图 3-1-20 所示，用软布将绒毛上的尘土和污物揩干净。

图 3-1-19　机器洗顶篷

图 3-1-20　手工洗顶篷

2）喷上丝绒清洁剂，片刻之后，用一块洁净的纯棉布将污液吸出。

3）再从污迹边缘向中心擦拭，污垢严重时可多次重复操作。

4）污垢清除干净后，用另一块干净的棉布顺着车顶篷的绒毛方向抹平，使其恢复原样。

### 5. 内饰板的清洁

内饰板多由人造革、真皮或塑料制作，其清洁方法如下。

1）内饰板由人造革或真皮制作时，在污渍较少的部位使用皮革清洗剂进行清洁。使用前先摇匀皮革清洗剂，距离 10~20cm 直接喷射于待清洁的物品表面。停留 30~60s 后，待污渍充分溶解之后，再用软布抹去。

2）内饰板由塑料制作时，使用万能泡沫清洁剂进行清洁，距离 10~20cm 直接喷射于待清洁的物品表面，停留 30~60s，在泡沫未干前用软布抹去；对于污渍严重的部位，喷上万能泡沫清洁剂后使用软刷在污渍上擦拭，再用软布抹去，如图 3-1-21 所示。必要时可以进行二次处理。

图 3-1-21　清洁门板

**注意：**门板清洗要注意清洗到每一个部位，包括门板下的储物盒、侧门玻璃的缝隙、车门升降开关槽等。

### 6. 地毯与脚垫的清洁

（1）塑料脚垫　塑料脚垫是最容易清洗的，这种材质直接用水冲洗即可。如果感觉比较脏的话，可以配合使用洗衣粉、洗洁精之类的清洁剂，然后用刷子刷一刷，再用水冲洗干净便焕然一新。

（2）毛绒脚垫　毛绒脚垫如果不是特别脏，可以直接用吸尘器把上面的尘土吸走，或者用毛刷配合内饰清洁剂进行刷洗，刷洗后使用抽喷一体机将污物抽出，如图 3-1-22 所示。如果太脏，可以先用水浸湿，再用专业的地毯清洁剂清洗。切勿用普通的洗涤剂清洗，那样会损伤脚垫；并且浸水时间不能超过15min，浸泡之后揉洗干净，再叠好放入脱水机脱水，然后放在阴凉通风处风干即可，不可暴晒或者拧干。

图 3-1-22　清洁毛绒脚垫

（3）皮革脚垫　正常情况下，皮革脚垫可以用内饰清洁剂配合鬃毛刷，刷洗后用内饰毛巾擦干，如图 3-1-23 所示。不建议用水直接冲洗，因为这样会加速皮革老化，不仅颜色变得难看，而且质量稍差的脚垫容易变形。如果长期不使用，可以给脚垫打一层专业的皮革护理蜡。

图 3-1-23 清洁皮革脚垫

（4）丝圈脚垫 丝圈脚垫相对于其他几种脚垫来说贵一些，但是安全防滑、防尘能力超强，阻燃效果也很好，最重要的是容易清洗。如果被踩脏，可以使用高压水枪清洗，清洗后将其拍打控水后用内饰毛巾擦干，十分方便，如图 3-1-24 所示。

图 3-1-24 清洁丝圈脚垫

（5）地毯 地毯多由纤维织物制作，使用鬃毛刷，配合泡沫清洗液或专用地毯清洗液对地毯进行清洁，后用抽喷一体机将污物抽出，如图 3-1-25 所示。注意座椅底座轨道附近缝隙需要重点清洁，确保无灰尘。

图 3-1-25 清洁地毯

### 7. 行李舱的清洁

行李舱与车身内部很相似，内饰多为绒布，清洁方法基本相同。

1）先取出行李舱内的备用轮胎、随车工具以及杂物和底板防护垫。

2）如图 3-1-26 所示，拍去行李舱内部的灰尘，用真空吸尘器吸去内部的灰尘、泥沙和污垢，然后用电热式多功能清洗机进行清洁。

3）如果没有电热式多功能清洗机，可用湿毛巾进行擦拭，主要是去除灰尘，对于局部沾污严重的部位，则用丝绒清洁剂进行清洁。

4）对于行李舱的密封条，可用水进行清洁，污渍比较严重时可用万能泡沫清洗剂进行清洁，如图 3-1-27 所示。用麂皮吸干水分后上车蜡或橡胶保护剂。

图 3-1-26　行李舱吸尘

图 3-1-27　行李舱清洗

5）清洁后，对丝绒内饰可再喷涂一层丝绒保护剂，然后对整个行李舱喷洒消毒剂和空气清新剂。

6）最后复装备用轮胎、随车工具和杂物。

## 学习任务二　汽车车室美容护理

### 📝 知识和技能目标

1）了解汽车内饰美容护理方法。

2）掌握车室美容护理常用设备、材料的作用与使用注意事项。

3）掌握汽车车室消毒步骤。

4）掌握汽车车室皮革件、塑料件及其他材料的养护方法。

### 📝 过程与方法目标

1）灵活运用各种媒体资源查找车室美容护理的相关知识，提升获取信息和查找相关资料的能力。

2）提升自身制订工作计划、解决问题、优化决策的能力。

### 📝 素养目标

1）提升对车室美容护理项目作业的兴趣和职业认同。

2）体会个人专业、职业发展的重要意义，提高学习兴趣，养成良好的职业道德。

3）通过实践来培养自身良好的职业素养、工作态度和责任感。

车室美容是一项系统的清洁护理施工作业项目，因此，既要明确施工项目的内涵，又要遵循严格的合乎规范的施工程序，只有这样才能有效地组织施工，提高工效，节省时间，并保证作业质量。

## 一、内饰美容护理方法

### 1. 顽固污渍的清理

（1）霉菌　内饰件受污染未及时清洁极易导致霉变，清除时可先用热肥皂水清洗霉点，然后用冷水漂洗干净，最后浸泡在盐水中，用专用清洗剂清洗擦干。

（2）糖果　对掉落在地毯及座椅上的糖果，首先应把固体部分清除掉，然后清理残留的糖汁。一般用热水浸泡的毛巾进行擦拭。若是巧克力，可用温水浸湿的毛巾擦拭，如果需要可加用清洁剂。

（3）口香糖　口香糖的性质是越热越黏，不容易除掉，因此一定要冷处理。先将冰块按在口香糖上，使之冷却硬化；然后把它拧下来，剩余部分可用比较钝的小刀轻轻刮掉。

（4）饮料　咖啡、可乐、冰淇淋等饮料不慎洒在地毯和座椅上，可先用冷水擦拭，再用强力顽渍去除剂清除，千万不能用肥皂或热水清洗擦拭，以免使印痕根深蒂固。强力顽渍去除剂的使用方法是：使用前摇匀，在距离污渍表面15~25cm处喷射，让泡沫停留20~30s以浸透污渍，然后用干净的湿布或海绵在污渍处呈圈状反复擦洗，再用湿布和海绵擦干净，待干后，将有污渍的地方用干布擦干或用吸尘器吸干。

（5）番茄酱及口红　番茄酱滴落在座椅或地毯上时，可用冷水浸湿毛巾擦拭，如果痕迹较深，可以喷些泡沫清洁剂。如座椅沾上了口红，可先用比较钝的小刀轻轻刮掉口红，不要将座椅布面刮破，刮不掉的部分可以喷上泡沫清洁剂，按照上述步骤（4）清理。

（6）呕吐物　对于呕吐物，要先用面巾纸把呕吐物擦掉，因为面巾纸有吸水的功能，在擦去呕吐物的同时也把水分吸干；然后用湿布擦几遍，接着用温热的肥皂水将毛巾浸泡后清洗被污染的座椅和地毯。这样处理后，如果气味还很重，可用温热的苏打水擦洗沾污处，用湿布擦拭干净，再用干毛巾擦干。

（7）尿液　座椅或地毯上的尿液可用温热的肥皂水浸泡毛巾后进行擦拭，然后用湿毛巾来回擦几遍，将浸泡于体积比为1∶5的医用氨水和冷水混合液中的布覆盖在尿液处几分钟后拿掉，用湿布擦拭干净，再用干布擦干。

（8）血迹　血迹不能用肥皂或热水清除，因为血液一碰到肥皂或热水就会凝固，应及时用湿冷的毛巾擦拭，并在血迹处滴几滴氨水，稍后用蘸有冷水的毛巾擦拭干净。

（9）沥青、焦油、润滑脂、机油等　沥青、焦油难以去除，可用沥青清洁剂浸润一段时间，然后擦拭干净即可。润滑脂、机油等要用专用的油污去除剂，从污迹周边向中心清洗，当污迹已经洗掉时，用毛巾擦干。

### 2. 上光打蜡护理

为了延长车内饰件的使用年限，保持其光泽鲜亮，防止老化、褪色等，在清洗结束后，通常都要对车室的内饰件进行上光护理作业。上光护理产品除了具有增光的作用外，还具有清洗和保护功能，能有效阻隔紫外线照射，防止开裂、硬化及褪色，是汽车常用的护理用品。目前上光护理产品通常可分为保护剂和上光剂两类。

（1）保护剂　保护剂使用方便，光泽度好，保持时间长，能有效阻隔紫外线的照射，防止老化，具有很强的耐磨作用，可用于真皮、人造革、塑料、橡胶及其他合成品等制品，一般为多功能产品，车的内外饰件均可使用。使用时，应避免让保护剂喷到空调出风口、仪表口等工具难以触及的地方，一般是将保护剂喷洒于小海绵上擦洗，然后有规律地来回擦拭已经清洗过的地方，中间不要停顿，以免涂抹不均匀，影响清洗效果。

（2）上光剂 上光剂可修复内饰件轻微磨损，并且效果持久，用后能在内饰件表面形成无粘附性、高透明的保护层，适用于皮革、人造革、塑料、橡胶等产品的护理。使用之前，先将上光剂充分摇匀，用干净的软布蘸少量该剂均匀涂抹在工作面，然后再用干净的无纺布进行抛光。

## 二、汽车车室美容护理材料

### 1. 车内消毒剂

车内经过清洁后，已经焕然一新。复装地毯、脚垫、座椅套和头枕套后，仍有许多看不见的有害细菌无法彻底清除。在人呼出的气体中，至少存在 25 种有害物质，例如二甲胺、酚类、苯类、四氯乙烯以及各种病菌，加上人体排泄出的汗液，鞋、袜、衣服等散发出的气味，人在谈话、咳嗽和打喷嚏时喷射出来的唾沫，都在不同程度上加重了车内空气的污染。因此需要对车内进行消毒，常见的消毒方式如下。

（1）常态消毒液 常态消毒液主要配合高温蒸汽来进行消毒，同时针对不同的使用对象，备有一组不同尺寸的刷子及喷头，用来清洗座椅、门板、四壁等不同部位。消毒前，先将消毒液按规定的比例稀释后，装入蒸汽机内，接通电源，加热约 30min 观察温度及压力表，当温度高达 130℃ 左右时，即可利用其形成的高温蒸汽对车室各部件进行逐一消毒。

最后向车室喷洒车室除臭剂。在消毒时应避免接触电气部分，整个过程大约需要 1h 的时间。一般 1~2 个月进行一次。

（2）消毒剂 主要是通过采用化学方法进行杀菌消毒，即通过使用一些消毒剂对车内进行喷洒和擦拭，以实现杀菌消毒。常用的消毒液主要有过氧乙酸、来苏水（图 3-2-1）和消毒液（图 3-2-2）三种。

（3）臭氧 臭氧杀菌消毒是采用能迅速产生大量臭氧的汽车专用杀菌消毒机进行杀菌消毒的。臭氧是一种具有广泛性的高效快速杀菌剂，它可以杀灭

图 3-2-1 来苏水 图 3-2-2 消毒液

使人和动物致病的多种病菌、病毒及微生物。

（4）光催化技术　光催化技术也是一种清除汽车内室异味、净化内室空气质量的技术，可按产品说明操作。光催化美容用品可高效降解车内空气中的甲醛、苯、甲苯、二甲苯等有害气体，消除各种异味，有效防止汽车内室隐蔽部位的霉菌滋生，保持车内空气清新。光催化剂如图 3-2-3 所示，使用方法如下。

1）使用前充分摇匀，在距离喷涂表面 30~40cm 处临空喷涂，勿直接对准表面喷涂。

2）在车内大面积喷涂一次，待干后再喷涂一次。单车使用量为按 2~3 下 /m²（夏季）或按 3~5 下 /m²（冬季）。

3）将车内进行密闭，封闭时间夏季为 20~45min，冬季为 40~60min。

**注意事项：**

① 勿过量喷洒，以免车内深色内饰发白。

② 喷涂过程中如出现白色乳液点，即用湿布擦拭。

③ 严禁用于玻璃、反光镜和皮革制品。

④ 整个操作过程中要在阳光下进行。

图 3-2-3　光催化剂

### 2. 车内空气清新剂

无高温蒸汽杀菌设备时，在车室内喷施空气清新剂（图 3-2-4），也可消除室内的有害细菌。具体方法如下。

1）将空气清新剂喷于空调通风口或地毯下面。

2）起动发动机，打开空调 5min，进行车内异味、杀菌处理。

3）然后打开车门让空气自然流通，即可清除异味。

图 3-2-4　空气清新剂

### 3. 表板蜡

表板蜡富含仪表专用清洁剂，在清洁的同时其有效成分可在汽车仪表台的表面形成一层光洁亮丽的抗菌保护膜，该膜具有抗静电、抗紫外线、防老化等功能。表板蜡如图 3-2-5 所示。表板蜡的使用方法如下。

用前先摇匀，直立罐身，距离仪表台表面 15~20cm 均匀喷射，再用柔软干布擦拭至光亮即可。

#### 4. 柠檬百丽珠

柠檬百丽珠富含专用改性硅油和合成乳蜡，专为各类汽车内饰的日常清洁护理而设计。其有效成分在物体表面形成一层光洁亮丽的保护膜，该膜具有抗静电、抗紫外线、防水、防霉等功能，从而有效防止汽车内饰表面漆层老化、褪色，延长其使用寿命，如图 3-2-6 所示。

柠檬百丽珠的使用说明：在使用之前，要除去旧漆的水分、油污及其他一些杂质，以免在使用时影响效果；将产品摇动约 2min；在距离物体表面 15~20cm 处进行喷射，然后用干净软布或海绵轻轻涂擦抛光。

#### 5. 皮革加脂剂

尽管在清洁工序选用的是皮革专用清洁剂，但是皮革中的油脂仍然会被带走一部分。皮革表面适当的油脂可以保持皮革柔顺的手感和光泽。因此，皮革加脂剂也是皮革养护的重要材料，它使皮革柔软、丰满、耐折、富有弹性，如图 3-2-7 所示。

图 3-2-5　表板蜡　　　　图 3-2-6　柠檬百丽珠　　　　图 3-2-7　皮革加脂剂

作为皮革加脂剂的原料，植物油、动物油、矿物油以及合成油脂都能有效养护皮革，但作为车用皮革加脂剂，需要考虑更多方面。天然的植物油和动物油虽然在环保性和毒理性上优势明显，但是由于其成分中不饱和烃基团较多，化学稳定性较差。车内皮革饰件经常会接触到酸、碱、盐类物质，并暴露在室外，这类油脂易在皮革上形成氧化斑痕，且不易乳化，对皮革的润湿功能较弱。相比之下，矿物类油脂化学稳定性更好，且易被乳化，所以较多的皮革加脂剂会选用矿物油。同时，为了弥补矿物油脂易挥发且不易依附于皮革纤维上的缺陷，往往会进行乳化改性和添加一定比例的合成油脂。

### 6. 皮革上光剂

皮革上光保护的主要目的包括：改善皮革表面光泽、纹路与质感；提供保护层，防水透气，抗污防菌，防止紫外线老化和氧化，延缓外物的侵蚀；改善皮革气味。

目前市场上常用的皮革上光剂类型主要有酪素类、硝化纤维类、聚氨酯类、聚丙烯类、蜡基类以及有机硅类等。

需要特别说明的是，虽然传统酪素类上光剂大部分使用水性溶剂，但为了改良其化学稳定性，目前市场上已经出现经过改性的新酪素上光剂。改性后的酪素类上光剂成分中需要添加甲醛作为稳定剂，因此这类产品并不适用于汽车内饰的养护处理。

从综合应用及健康安全角度考虑，水性聚氨酯类和有机硅类上光剂比较适合应用于汽车内饰皮革的上光。目前国内的水性聚氨酯类上光剂性能与溶剂型产品相比仍有一定差距，主要是光泽和皮革质感改善方面不如溶剂型的产品。但考虑到毒理安全因素，水性基材还是选择的重点。有机硅类上光剂目前是开发热点，最新的技术发展热点是使用有机硅对聚氨酯、聚丙烯和硝化纤维类上光剂进行化学改性，并已经有对应的硅改性产品问世，也适用于汽车内饰皮革件的保养。

图 3-2-8 皮革养护剂

无溶剂型皮革养护剂温和清洁，中性配方，可强化皮革护理，全面养护爱车皮革内饰，也适用于日常皮革制品养护，如图 3-2-8 所示。

### 7. 丝绒清洁剂

丝绒清洁剂将清洁、抗菌、防静电三合一，强力去除任何污渍，如丝绒毛质/布质类等用具，能迅速清洗各种尘污、油污，具有防静电、防腐效能，是现代汽车及家庭的理想用品，如图 3-2-9 所示。其用途广泛，不但可清洁车内的座椅、地毯等布制品，家居清洁同样适用。

### 8. 纤维保护剂

如图 3-2-10 所示，纤维保护剂可以提高丝绒布料及合成纤维的驱水性，形成的保护膜防污、防水，长期滋润保持纤维如新，用于纤维系列制品滋润养护，防褪色，易清洁。

图 3-2-9 丝绒清洁剂　　图 3-2-10 纤维保护剂

## 三、车室美容护理的设备和工具

### 1. 车室美容护理的设备

车室美容护理的设备见表 3-2-1。

表 3-2-1　车室美容护理的设备

| 车用蒸汽机 | 在很短的时间产生大量的高温蒸汽，喷射于需要清洁的内饰表面上，起到快速灭菌的作用 | |
| --- | --- | --- |
| 汽车臭氧消毒机 | 对很多病菌、霉菌、病毒、真菌、原虫、卵囊都具有明显的杀灭效果。还可以有效去除有毒气体 | |
| 汽车光触媒机 | 对甲醛、苯、苯系物、硫化物、氯化物有明显的分解作用 | |

### 2. 车室美容护理的工具

车室美容护理的工具见表 3-2-2。

表 3-2-2　车室美容护理的工具

| 打蜡海绵 | 又称清洁膏海绵，其作用是用于打蜡 | |
|---|---|---|
| 收蜡毛巾 | 柔软亲肤，吸水性强，不易起球 | |

## 四、车内消毒流程

以蒸汽机消毒为例。

1）消毒液按 1∶20 的比例配置（体积分数），并加注到蒸汽机里。消毒液是一般用于医院里的那种消毒液。

2）接上电源，起动蒸汽机，等到温度高于 100℃时，就可以操作了。

3）在喷洒蒸汽的时候，先要用干毛巾把仪表盘上的如中控电脑、CD 主机这类的电子用品盖住，把四门玻璃升起。

4）先往空调口里喷蒸汽，然后是车厢内部，等到车厢内部的蒸汽已经非常多的时候，关上所有的门，等到蒸汽完全消失为止。

5）当蒸汽完全消失之后，打开车门，用干毛巾把蒸汽所产生的水珠擦干。

6）起动空调，打开外循环并关上车门，等待 5~8min，让空调把车内消毒水的味道清除掉，基本无味为止。

7）帮助车主把物品搬回车内，并往车内喷洒空气清新剂或车主自己的车用香水。

## 五、皮革件养护

### 1. 皮革加脂养护

皮革加脂养护在汽车美容工序中很容易被忽略，车主和美容技师也常常分不清皮革加脂养护与皮革上光保护工序的区别。缺乏加脂养护工序的汽车内饰皮革保养很难做到专业和全面，所以有必要在汽车内饰美容工序中加入专业的皮革加脂养护步骤。目前汽车美容市场上的皮革加脂养护品一般有喷液和乳液两种。从应用角度考虑，乳液类加脂性能会更长效，适合用于旧皮革和皮革清洗工序之后；而喷液类使用方便，特别是在皮革表面的干爽时间较快，适用于新皮革和普通性质的皮革保养。需要提醒的是，应避免将皮革加脂剂应用于脏污的皮革表面，且要避免在太阳直射皮革时或高温环境下使用皮革加脂剂，因为这样会阻碍加脂剂渗入皮革内部纤维，从而减弱养护效果。

### 2. 皮革上光保护

皮革上光剂的应用比较简单，施工要点包括：上光前确保皮革表面清洁；如图 3-2-11 所示，使用柔软抹布或专用海绵配合擦拭，确保上光剂均匀涂布于皮革表面；避免在阳光直射状态下使用上光剂。

图 3-2-11 皮革上光保护

## 六、塑料件养护

为了延长汽车塑料件的使用寿命和性能，汽车塑料件的清洗和保养尤为重要。对于汽车塑料件的清洁护理，目前市场上有专门的清洁护理产品。塑料件清洁剂采用防静电无尘配方，适用于所有塑料件的清洁护理，能有效清洁塑料件表面的污渍，对塑料件本身没有任何腐蚀作用，还能在塑料件表面形成保护膜，有效防止塑料老化，保持其固有的质感和颜色。使用时，可将清洁剂喷洒在塑料件表面，注意不要造成流淌，并用毛巾轻轻擦拭。也可以将清洁剂直接喷在毛巾上，将有污渍的塑料部分擦拭干净，污渍严重的部分用力擦拭，然后用干净的毛巾再次清洗。

　　**使用塑料件清洁剂应注意：** 塑料件清洁剂属于化学制剂，对眼睛、皮肤都有刺激，应存放于儿童不易触及之处。若不慎入眼，应立即用大量清水冲洗并就医。如手长时间接触原液，需要戴手套。

　　使用护理产品护理塑料件，可有效防止外界因素导致汽车塑料件老化、变色、开裂，并能保持塑料件良好的光泽，延长其使用寿命。护理时，先用塑料件清洁剂清洁塑料件表面，尤其是塑料件上明显的顽固污渍。然后，如图3-2-12所示，使用塑料件护理产品，将护理剂均匀喷洒在柔软的纤维布上，用柔软的纤维布擦拭塑料件。护理剂使用简单方便，但需要注意的是，护理剂不能用于玻璃、油漆和纺织产品。一般护理剂易燃，使用时不要靠近火种，也不要在阳光直射下使用。

图 3-2-12　仪表台的护理

## 七、其他材料养护

### 1. 纤维材料

　　纤维材料有天然纤维和化学纤维两种。在汽车内饰中，顶篷、地板、座椅等大多数为纤维材料。车内纤维织物的清洁要选择专用的纤维清洁剂。在车室养护时，严禁使用碱性较强的洗衣粉或洗洁精清洗纤维织物，因为这些碱性物质在清洁作用结束后，仍有一部分残留在织物内部，这部分碱性物质极易使纤维织物黄变、腐蚀。为此要谨慎选用纤维品清洁剂。在没有把握的情况下，使用前最好先在车室内隐蔽部位对清洁剂进行试用，确定不会使纤维变色或变质后，再进行大面积使用。

车室内纤维织物清洁注意事项如下。

1）根据纤维物件的质地不同选择合适的清洁剂。

2）清洁剂喷洒后，应停留浸润 1~2min，再进行擦干，这有利于污物充分溶解、松化。

3）纤维品的清洁，不能选用稀释剂、汽油、风窗玻璃清洗剂等有机溶剂及漂白粉。

4）清洁作业要充分考虑纤维品纹理的变化和规律。一般横纵双向清洁效果较好。

5）最后吸湿清洁，应顺着纤维织物纹理方向擦拭。

6）地毯清洁时可用棕毛刷刷洗，地毯干燥后应用刷子将地毯毛膨起。

### 2. 木质或者仿木质材料

木质或者仿木质材料镶嵌在仪表板、中控板（副仪表板）、变速杆头、门扶手、方向盘等地方，如图 3-2-13 所示。桃木或仿桃木材料具有美观、高雅、豪华等特点，其独有的花纹图案可获得特殊的装饰效果。

（1）日常保养　新车做了桃木内饰后，最好能每天用柔软的湿布擦拭一遍，以擦去粘在上面的灰尘，保持桃木的正常光泽。在擦拭中，不要用

图 3-2-13　木制内饰

干硬的布条直接擦拭，也不要用酸性或者碱性的液体擦拭，因为这样都会损害桃木上面的光釉。

（2）老化后保养　汽车桃木内饰表面的光釉在使用一段时间并逐渐磨损后会导致整个桃木内饰出现黯淡无光的现象（术语称"亚光"）。可以采取下面的办法让其重新恢复光泽。

1）在汽车打蜡时给桃木内饰打蜡，然后用柔软的湿布快速地在上面擦拭。

2）当打蜡已经不起作用时，表明桃木内饰上的光釉已经基本磨损光了，此时最好的办法是抛光后重新喷釉，但经常抛光会损害桃木内饰。

## 学习任务三 发动机舱清洁与美容

### 📝 知识和技能目标

1）了解汽车发动机舱清洁、美容的原因与作用。

2）掌握汽车发动机舱常用设备、材料的作用与使用注意事项。

3）掌握汽车发动机舱清洁、美容工艺流程。

### 📝 过程与方法目标

1）灵活运用各种媒体资源查找发动机舱美容护理的相关知识，提升获取信息和查找相关资料的能力。

2）提升自身制订工作计划、解决问题、优化决策的能力。

### 📝 素养目标

1）提升对发动机舱清洁、美容作业的兴趣和职业认同。

2）体会个人专业、职业发展的重要意义，提高学习兴趣，养成良好的职业道德。

3）通过实践来培养自身良好的职业素养、工作态度和责任感。

## 一、发动机舱清洁的原因和作用

### 1. 发动机舱清洁的原因

汽车行驶时，轮胎溅起的泥水和灰尘不可避免地会进入发动机舱内。发动机工作时，温度非常高，周围会散发出许多油脂蒸气，发动机舱内还装有蓄电池，电解液蒸气也会带有一些酸性的腐蚀物质。泥水与油污的混合物粘附在发动机机体上，会降低发动机的散热能力，影响各种操纵件的工作，同时也会造成金属壳体的锈蚀。因此，发动机舱可以说是汽车上最脏的地方。为了确保发动机的正常运转并为维修人员的检查提供一个良好的工作环境，发动机舱必须保持清洁，及时去除油污和锈蚀。

## 2. 发动机舱清洁的作用

1）彻底清洁发动机外部和整个发动机表面，如电路表面、塑料、橡胶、电池连接线、裸露的金属部分等，使发动机的热量能散发出去。

2）机舱外涂有保护剂，使发动机表面不易沾上灰尘和油脂，并易于清洗。

3）保护机舱内的线路和油管，防止橡胶部件老化、开裂和金属锈蚀。

4）减少酸雨和腐蚀性物质对发动机外部部件的损坏，提高部件的使用寿命。

## 二、发动机舱美容的原因和作用

### 1. 发动机舱美容的原因

发动机舱清洁完成后，整洁干净的效果如果不加以维护，很快就会恢复到原先未清洁的情况。发动机舱镀膜施工后，会在机件表面生成一层 $SiO_2$ 的保护膜，这层保护膜能有效抵御泥沙、油污的附着，对发动机线路起保护作用，持久、长期地保护发动机舱的整洁。

### 2. 发动机舱美容的作用

发动机舱的镀膜涂装在各种橡胶件、塑料件表面，起到增光、驱水、防油等功能，对发动机本身的性能没有任何副作用。相反，干净整洁的发动机舱还会延长发动机的使用寿命。

发动机舱镀膜的作用：

1）有效提高线路的抗干扰性，降低阻抗及氧化。

2）对抗橡胶部分的老化，恢复橡胶部件弹性及光泽。

3）恢复线路绝缘层的韧性，延缓其龟裂和剥离现象的出现。

4）降低线路的漏电和短路的风险，增加线路安全性。

5）降低因线束问题而引起的自燃风险。

6）有效防锈、防潮和防油。

7）去除发动机及线路的油泥、油污，令发动机舱光泽如新。

## 三、发动机舱清洁美容材料

### 1. 发动机外部清洗剂和发动机舱镀膜剂

（1）发动机外部清洗剂　主要适用于汽油机和柴油机，能有效去除发动机外部及连接部件表面的油污，能使塑料件、橡胶件在高温作业条件下抗老化、抗龟裂等，对发动机有良好的散热和翻新作用。发动机外部清洗剂如图 3-3-1 所示。

其使用方法如下。

1）使用前充分摇匀。

2）在发动机熄火或冷却状态下，均匀喷洒在发动机上。

3）约 3min 后，再对发动机进行擦拭。

4）最后用水冲洗即可。

（2）发动机舱镀膜剂　在发动机表面形成一层高温蜡膜，保护发动机表面不吸附灰尘，保持光亮，如图 3-3-2 所示。

图 3-3-1
发动机外部清洗剂

图 3-3-2
发动机舱镀膜剂

### 2. 除锈剂和防锈漆

（1）除锈剂　该产品含有表面活性剂和磷酸等多种成分，除锈能力强。使用时用喷雾器或者刷子刷，对严重锈迹要保证每个部位接触 15min 以上，待锈迹除掉后再擦洗干净，如图 3-3-3 所示。除锈剂适用于汽车裸露的金属表面，如底盘、发动机等处。

（2）防锈漆　用于除锈后的发动机缸体等金属裸露表面的清洁，一旦喷上去就会形成光亮的保护漆膜，达到翻新发动机外表并防止生锈的效果，如图 3-3-4所示。

图 3-3-3
除锈剂

图 3-3-4
防锈漆

### 3. 蓄电池清洁剂和电池接线柱保护剂

（1）蓄电池清洁剂　泡沫型清洗剂，能够延长蓄电池使用寿命；溶解锈迹，中和腐蚀性物质；预防有害物质对电线和电池造成的损坏，如图 3-3-5 所示。

（2）电池接线柱保护剂　是由锂皂稠化剂稠化乙二醇合成油，并加有导电、抗氧化、防锈、防腐等多种添加剂精制而成的保护剂。电池接线柱保护剂用于汽车蓄电池接线柱触点的防氧化保护，使蓄电池接头免遭水汽、酸、盐等物质的侵蚀，防止瞬间阻抗和电压下降，改善触点性能，延长蓄电池的使用寿命，如图 3-3-6 所示。

### 4．橡胶保护剂

如图 3-3-7 所示，橡胶保护剂对橡胶材质具有保护、光亮及润滑作用，能有效防止橡胶材质硬化龟裂，具有抗静电、不沾尘、防潮、密封、保护、消除噪声等功能。

图 3-3-5　　　　　　　　图 3-3-6　　　　　　　　图 3-3-7
蓄电池清洁剂　　　　电池接线柱保护剂　　　　橡胶保护剂

## 四、常用的清洁设备和工具

发动机舱和行李舱清洁的工作量虽然大，但项目较少，不需要进行复杂的拆装，因此所用的设备、工具和材料也比较简单，主要有以下几种。

### 1．常用的清洁设备

常用的清洁设备见表 3-3-1。

表 3-3-1　常用的清洁设备

| | | |
|---|---|---|
| 空气压缩机 | 用于提供充足的达到预定压力值的高压清洁压缩空气 | |
| 高压洗车机 | 利用工作泵内活塞的上下运动，使吸入的低压水变成高压水，从而实现清洁工作 | |

（续）

| 泡沫清洗机 | 能加入专用的清洗剂，通过压缩空气使清洗剂泡沫化，然后从泡沫喷枪喷出 |  |

## 2. 常用的清洁工具

常用的清洁工具见表 3-3-2。

**表 3-3-2　常用的清洁工具**

| 海绵 | 柔软、弹性好、吸水性强，能使沙粒或尘土很容易深藏于海绵的气孔之内 |  |
| --- | --- | --- |
| 毛巾 | 需要准备多块毛巾，是人工清洗和擦拭汽车不可缺少的工具 |  |
| 毛刷 | 适用于各种精细的表面清洁 |  |

## 五、发动机舱清洁工艺

### 1. 清洁前的准备

打开发动机舱盖后，会看到机舱内装有许多电气装置，如发电机、起动机和调节器等。对于一些防潮性能差的元件，应该用塑料薄膜进行遮盖，有些元件一旦进水后会影响发动机的起动。有些高档轿车，发动机舱内的电气元件防水性能较好，可以不需要进行上述工作。

### 2. 发动机舱清洁

（1）高压清洗　如图 3-3-8 所示，当发动机冷却后，才可以对发动机舱进行清洗。采用高压气体吹动瓶内清洗剂，在高压气体的作用下进行冲洗，去除较重的泥沙和油污。注意高压气枪不要对着点火模块、ECU、起动机、熔丝盒等部位进行冲洗。

图 3-3-8　发动机高压清洗

（2）泡沫清洗　高压清洗不能去除全部的污垢，还需再进行泡沫清洗。如图 3-3-9 所示，强力的泡沫清洗剂能均匀地将污垢吸附到泡沫中，起到很好的去污作用。1~3min 后用自来水或高压洗车机冲去泡沫。

（3）局部清洗　油污的附着力很强，最有效的方法是使用发动机外部清洗剂，喷涂 1~3min 后，再用毛刷擦拭，严重的部位可以反复喷涂和擦拭，如图 3-3-10 所示。

图 3-3-9　发动机舱泡沫清洗

图 3-3-10　发动机舱局部清洗

（4）顽固油污的去除　如图 3-3-11 所示，对于发动机上残留的顽固附着污物，可将去污力较强的化油器清洗剂直接喷涂在污物处，稍等片刻用毛刷或海绵刷洗，用毛巾擦抹干净后再喷涂发动机外部清洁剂，停留 2~3min，最后用水冲洗干净。

（5）吹 干　清洗过的发动机外部表面易

图 3-3-11　顽固油污的去除

氧化锈蚀，因此要用高压气体将发动机上所有的零部件、轴承孔、铰链及缝隙吹干。

### 3．清洁空气滤清器

目前汽车空气滤清器普遍采用纸质滤芯，它安装在滤清器壳里，对吸入发动机的空气进行过滤，使用一段时间后会有大量的尘土、沙粒吸附在上面，降低发动机的进气量，因此应定期清洁。如图 3-3-12 所示，清洁时，将纸质滤芯从滤清器的壳里取出，用压缩空气由内往外吹，直至干净。如果发现滤清器破裂，必须及时更换。

图 3-3-12　空气滤清器的清洁

**注意：** 清洁空气滤清器时不可将其弄湿，更不能用水清洗。

### 4．发动机表面除锈

机件受到锈蚀后，材质便会从外到内逐渐疏松和剥离，如不及时清除会影响机件的使用寿命。去除锈蚀最好的方法是喷涂除锈剂，如图 3-3-13 所示，喷后用毛刷刷洗，彻底除锈后，要充分冲洗干净，吹干后再喷涂一层防锈漆，使机件获得很好的防锈保护层。

### 5．蓄电池的清洗

现代轿车的蓄电池都被紧凑地安装在发动机舱内。如图 3-3-14 所示，由于车辆行驶时的颠簸和发动机舱温度的升高，蓄电池电解液常常会从加液盖的通气孔渗出，使蓄电池非常脏，同时还会腐蚀车架的底板和电池的安装支架，因此要定期进行清洗。

图 3-3-13 发动机表面除锈

图 3-3-14 蓄电池的清洗

清洗前，先松开蓄电池的接线柱头（图 3-3-15），取下蓄电池，然后用泡沫清洗剂清洗，再用毛刷刷洗，比较脏的部位可用专用的蓄电池清洁剂清洗。最后用清水冲洗干净，在清洁底板和支架后，便可进行蓄电池的复装。

复装蓄电池时，接线柱头必须接触良好，任何微小的松动都会影响发动机的起动。拧紧柱头后，可在接线柱头上喷涂一层保护剂，如图 3-3-16 所示，能起到保证接触良好和防止氧化的作用。

图 3-3-15 松开蓄电池的接线柱头

图 3-3-16 喷涂一层保护剂

## 六、汽车发动机舱美容护理

1）清洗发动机舱油污后，用风枪吹去表面残留的大部分水珠。

2）勾兑镀膜液，用手喷壶或者专业镀膜喷枪，均匀喷涂整个发动机舱部件表面，如图 3-3-17 所示。

3）喷完后，晾干 10~15min，再用干毛巾擦拭一遍即可。图 3-3-18 所示为发动机舱镀膜前后对比。

图 3-3-17　发动机舱镀膜

a）镀膜前　　　　　　　　　　　　　b）镀膜后

图 3-3-18　发动机舱镀膜前后对比

## 课程育人 3

　　理想信念是人的心灵世界的核心，对于职业院校的学生来讲，有无理想信念以及具有什么样的理想信念，决定了他们日后的人生是高尚充实，还是庸俗空虚。作为汽车美容与装饰专业的学生，他们肩负着祖国和民族的希望，同时更承载着家庭和亲人的嘱托。

　　职业院校的学生，他们在人生的成长道路上，一定不是只有成功与鲜花的，在过去他们一定遇到过挫折和失败，同时在将来挫折和失败也在所难免。如何使自己拥有充分的思想准备在逆境中奋起、在困难中磨炼、在挫折中成长，这应该是该专业每一个同学都要努力拥有的强大精神支柱。要使同学们明确伟大出自平凡，社会需要杰出人物，但是我们的社会更需要千千万万个普通劳动者。真正做到以为人民服务为荣，就是在平凡的岗位实现了伟大，就是在平凡中获得了杰出。

## 复 习 题

### 一、填空题（30分）

1. 对汽车内部进行（　　　），便能消除各种污垢及异味，还可控制各种霉菌和细菌的滋生，提供一个清洁、美观、舒适的行驶感觉，同时也保护汽车内饰并延长其使用寿命。

2. 去除锈蚀最好的方法是喷涂（　　　），喷后用毛刷刷洗，彻底除锈后，要充分冲洗干净，吹干后再喷涂一层（　　　），使机件获得很好的防锈保护层。

3. （　　　）可以喷洒清洁剂，同时快速把清洁剂抽干，避免清洁剂残留，适用于车辆地毯、座椅、顶篷、行李舱等区域的清洁养护。

4. 座椅的面料有（　　　）、（　　　）或（　　　），不同的面料要使用不同方法清洁。

5. 丝绒座椅的清洗分为（　　　）与（　　　）两种方法。

6. 常用的消毒液主要有（　　　）、（　　　）和84消毒液三种。

7. （　　　）在清洁的同时其有效成分可在汽车仪表台的表面形成一层光洁亮丽的抗菌保护膜，该膜具有抗静电、抗紫外线、防老化等功能。

8. 发动机舱镀膜施工后，在机件表面生成一层（　　　）的保护膜。这层保护膜能有效抵御泥沙、油污的附着。

9. 汽车车室的清洁护理非常重要，一般每（　　　）应做一次全套室内专业护理。

10. （　　　）适用于塑料和皮革制品，能起到上光、软化、抗磨、抗老化等作用。

### 二、单项选择题（30分）

1. 对于毛绒坐垫不正确的清洁工具是（　　　）。

    A. 刀片　　　　　B. 细毛刷　　　　　C. 海绵　　　　　D. 毛巾

2. 清洁空气滤芯时，用压缩空气（　　　）吹，直至干净。

    A. 由内往外　　　B. 由外向内　　　C. 中间向两边　　D. 斜着

3. 汽车内部清洁先拿出（　　　）并清洗晾干。

　　A. 座套　　　　　B. 脚垫　　　　　C. 烟灰缸　　　　D. 杂物

4. 汽车在长期的使用过程中，车内会不可避免地发生（　　　）。

　　A. 泥沙污染　　　B. 污渍污染　　　C. 粉尘污染　　　D. 以上都是

5. 使用强力顽渍去除剂时，让泡沫停留（　　　）以浸透污渍。

　　A. 20~30s　　　B. 10~20s　　　C. 5~10s　　　D. 30~40s

6. （　　　）的性质是越热越黏，不容易除掉，因此一定要冷处理。

　　A. 糖果　　　　　B. 香糖　　　　　C. 霉菌　　　　　D. 口红

7. 常见的车内清洁项目包括（　　　）。

　　A. 全年吸尘　　　B. 座椅清洁　　　C. 顶篷清洁　　　D. 以上都是

8. 臭氧是一种高效快速杀菌剂，它可以杀灭使人和动物致病的多种（　　　）。

　　A. 病菌　　　　　B. 病毒　　　　　C. 微生物　　　　D. 以上都是

9. （　　　）富含专用改性硅油和合成乳蜡，专为各类汽车内饰的日常清洁护理而设计；其有效成分在物体表面形成一层光洁亮丽的保护膜，该膜具有抗静电、抗紫外线、防水、防霉等功能。

　　A. 表板蜡　　　　B. 内饰清洗剂　　C. 柠檬百丽珠　　D. 皮革养护剂

10. 汽车美容中，一般用（　　　）保护汽车的皮革（人造革）制品。

　　A. 皮革保护剂　　　　　　　　　　B. 表盘上光护理剂

　　C. 塑胶保护剂　　　　　　　　　　D. 发动机漆面保护剂

11. 消毒液喷洒后，要对汽车进行（　　　）半小时以上。

　　A. 通风　　　　　B. 封闭　　　　　C. 冲洗　　　　　D. 擦拭

12. 车内清洁主要项目包括（　　　）。

　　A. 车内吸尘　　　B. 仪表清洁　　　C. 座椅清洁　　　D. 以上都是

13. 汽车内饰件不包括下列（　　　）材料。

　　A. 纤维　　　　　B. 皮革　　　　　C. 塑料　　　　　D. 天窗

14. 以下除尘器中，除尘效果较好的是（　　　）。

　　A. 便携式　　　　B. 家庭式　　　　C. 专业式　　　　D. 标准式

15. 车内顶篷的清洁护理有以下（　　　）方法。

　　A. 手工清洁　　　　　　　　　　　B. 机器清洁

　　C. 手工和机器清洁　　　　　　　　D. 日常护理

## 三、判断题（20分）

1. 丝绒清洗剂具有清洁、柔顺和着色三种功能。　　　　　　（　　　）

2. 对于仪表板的清洁，一定要用柔软的抹布和专业的清洁剂，
　 注意不要擦花仪表板。　　　　　　　　　　　　　　　　（　　　）

3. 抗菌泡沫清洗剂不含磷酸盐，不会污染环境，对皮肤无刺
　 激性，泡沫细腻丰富，气味芳香，使用方便安全。　　　　（　　　）

4. 汽车整个内饰件清洁后应该进行车内空气净化处理。　　　（　　　）

5. 皮革材料的内饰件清理后应进行上光处理。　　　　　　　（　　　）

6. 机件锈蚀后，材质便从外到内逐渐疏松和剥离，如不及时
　 清除便会影响机件的寿命。　　　　　　　　　　　　　　（　　　）

7. 清洁空气滤清器时可将其弄湿，但不能用水清洗。　　　　（　　　）

8. 发动机舱镀膜可有效防锈、防潮和防油。　　　　　　　　（　　　）

9. 根据纤维物件的质地不同选择合适的清洁剂。　　　　　　（　　　）

10. 喷枪使用完毕后不需要进行清洗。　　　　　　　　　　（　　　）

## 四、解析题（20分）

1. 简述汽车车内除尘的步骤。

2. 发动机舱镀膜有哪些作用？

# 车身漆面美容与护理

在汽车的整个生命周期中，大多数时间是处于露天环境中，受到风吹、日晒、雨淋，有时甚至受到酸雨等侵蚀，并且道路沥青、树胶、蚊虫、鸟类排泄物等物质不时粘附于汽车漆面上，时间久了不仅影响车辆的美观，这些脏污物质还会渗透进入车漆中，使漆面粗糙、失光、褪色，出现划痕、异色斑点甚至龟裂等现象。对汽车车身漆面进行美容护理可以最大限度地避免上述原因造成的伤害。

汽车车身漆面美容护理的主要功用：

1）提高车身漆面的防水、防酸雨、防静电、抗紫外线能力，最大限度地降低外界环境对漆面的侵蚀，提高漆面的抗褪色、抗氧化、防腐蚀能力，保护汽车金属底材。

2）使汽车表面漆膜平整，提高车漆亮度，增加美感，使车身漆膜达到艳丽的新车效果，并能长久保持光亮感、深度感和立体感。

## 学习任务一 汽车漆面抛光与还原处理

### 📝 知识和技能目标

1）了解漆面抛光与还原处理的概念、方法。

2）掌握漆面抛光与还原所需的材料、设备与工具。

3）掌握漆面划痕的类别与分类。

4）掌握漆面抛光、还原的操作工艺。

### 📝 过程与方法目标

1）灵活运用各种媒体资源查找汽车漆面抛光、还原的相关知识，提升获取信息和查找相关资料的能力。

2）提升自身制订工作计划、解决问题、优化决策的能力。

### ✏️ 素养目标

1）提升对汽车漆面抛光、还原项目作业的兴趣和职业认同。

2）体会个人专业、职业发展的重要意义，提高学习兴趣，养成良好的职业道德。

3）通过实践来培养自身良好的职业素养、工作态度和责任感。

研磨、抛光与还原是漆面美容护理的主要作业项目，它们可以有效去除较浅的划痕，恢复整车漆面光亮、平滑、艳丽。

但该作业不可经常实施，因为漆面经研磨、抛光处理，会将车身漆膜越磨越薄。若不慎将漆面磨穿，只能通过重新喷漆进行修复。对于一些局部划痕的处理，可以通过局部的研磨抛光，即只对划痕及其周围进行处理，这样做对整车漆面影响不大。

## 一、漆面抛光与还原处理

汽车抛光是指美容技师利用抛光机、抛光盘和研磨剂等，通过规范的施工，实现车漆表面平整，提高光泽度的工艺。抛光修复是漆面修复的主要修复工艺，它是通过研磨、抛光、还原等手段，把划痕变为螺旋纹，把螺旋纹不断细化到阳光下肉眼看不到为止（镜面）。

### 1. 漆面抛光实质

抛光之所以能产生光亮无瑕的漆面艺术效果，是与其艺术实质密不可分的，要达到上述目的，一般来说有三种途径。

1）依靠研磨，即依靠摩擦材料把细微划痕去除。

2）依靠釉剂，抛光剂中大多含有晶亮釉成分，抛光到一定程度后，可依靠釉的光泽来弥补漆面残存的缺陷。

3）依靠化学反应，靠抛光机转速的调整使抛光剂发生化学反应。

前两种途径在日常汽车美容中应用最为广泛。主要原因是初学者对抛光机的转速、抛光盘的材料、漆面结构性质以及抛光剂功效之间的关系了解不够，经验不足。因此，对抛光的要求不高，即使不十分光滑也没有关系，可以通过封釉来弥补，通常把通过该途径获得的漆面光泽称为"虚光"。虚光的特点是无法最终达到镜面效果，且光泽缺乏深度，保持时间短。

有经验的汽车美容护理技师用抛光时产生的热能，使车漆与抛光剂之间产生能量转换，发生化学反应，进而消除细微划痕，让漆面显示出自身的光泽；然后实施封釉，让汽车漆面锦上添花，达到真正的抛光目的。

### 2. 抛光的作用

1）清除漆层表面的轻微氧化及研磨剂所留下的痕迹。

2）以化学切割的方式填平漆面上的凹点，其中包括脱脂、消除漆面瑕疵。

3）使漆膜达到镜面般的平滑，为打蜡、封釉或镀膜做好基础。

### 3. 汽车抛光的特点

1）防止高温，避免车漆老化。在秋冬季节，可以有效地防静电，防尘，有效阻隔车身与空气、尘埃的摩擦。

2）抛光是汽车漆面护理的一种方法，用来除去被氧化的漆面和车身上的各种异物，消除漆面细微划痕，处理汽车漆面轻微损伤及各种斑迹。

3）抛光蜡在抛光机的不同转速下研磨颗粒不断变细小，使得漆面微小划痕消失或变浅，达到提高漆面光泽度的作用。

### 4. 漆面抛光的利弊分析

常有人会深究汽车抛光打蜡对汽车的利与弊。其实打蜡、封釉本身并不会对车漆造成伤害，反而能更好地保护车漆。但之所以会给车主造成上述的那种印象，主要是因为很多不负责任的汽车美容店，为了让车主看到直观的车漆光鲜效果，在打蜡和封釉过程中频繁对车漆进行抛光研磨，自然会让车漆越抛越薄，甚至出现抛穿的可能。

抛光虽然会让车漆变薄，但并不是因此就完全不能给车漆抛光了，少量的抛光车漆是能够承受的。一辆使用了三四年的汽车，经过风吹雨打日晒后，车漆难免暗淡无光，经过抛光便可使车漆迅速焕然一新。为此，在打蜡、封釉、镀膜等车漆保养过程中，都难免会使用到抛光的工序，但切忌次数过多。

### 5. 还原处理

镜面还原处理的作用是恢复车漆表面的镜面效果，填充漆面孔，使车身漆面的光泽更加靓丽、滋润。

## 二、漆面抛光方法

### 1. 手工抛光

手工抛光就是用抛光毛巾在车身漆面作水平直线运动进行抛光，直到漆面擦亮即可。

### 2. 抛光机抛光

将抛光机的转速调整至 1000~1500r/min，使用黑色细致海绵盘平放在漆面上，然后均匀地向下施加压力即可完成抛光。抛光机的使用将在汽车漆面抛光部分详细阐述。

抛光机施工的三大核心：抛光机、抛光盘、研磨剂的搭配；主要的四个技术要素是下压力、转速、移动速度、工作温度。抛光的技术要素见表4-1-1。

表 4-1-1　抛光的技术要素

| 参数 | 粗抛 | 中抛 | 还原 | 收油 |
|---|---|---|---|---|
| 下压力 /kgf⊖ | 5 | 4 | 3~4 | 2 |
| 温度 /℃ | 65 | 55 | 55 | 40 |
| 温度持续时间 | 长 | 中 | 短 | 极短 |
| 转速 /min | 1200~2000 | 2000~3000 | 3000~4800 | 3000~4500 |
| 移动速度 | 慢 | 中 | 快 | 油多 – 慢 / 油少 – 快 |
| 车漆切削厚度 / μm | 4~6 | 2~4 | 1~2 | 无 |

## 三、抛光机的基本使用方法

### 1. 抛光的五种常用基本手法

抛光常用的五种基本手法分别是平抛、慢抛、翘抛、轻抛、点抛。

（1）平抛　指抛光机在抛光过程中，兔毛球与漆面成完全吻合状态，防止抛光机在高速转动时，因受力点不均而损伤车漆，这种抛法适合在平面和侧面没有弧度的情况下使用。

（2）慢抛　指抛光机在回拉过程中，施力均匀，速度相对缓慢，便于进

---

⊖　1kgf=9.8N。

一步地处理划痕或达到一步晶亮的目的。一般在车况较差，做现场演示时用此抛法。

（3）翘抛　为了增强切削力，使抛光机的一端边缘翘起，提高抛光速度，一般针对原车漆或漆面落有杂物时使用此抛法难度、危险性较高，非技术娴熟人员请勿使用此种抛法。

（4）轻抛　指抛光机快送慢拉过程中，均轻微用力，以免损伤车漆。一般在抛前后杠、门条、门框等塑料物件时，使用这种抛法。

（5）点抛　根据漆面不同的部位，适当降低抛光机转速的一种抛法。用于抛光漆面的边、棱、筋、角处，及车标、门把手等危险复杂的地方。

### 2. 移动抛光机的基本方法

抛光作业是为了对漆面进行均匀的研磨以作为基础，为此，需要想办法"在一定程度上控制抛光所承受的压力"。

（1）按动的压力　以抛光机在平面上的自身质量作为基础，不需要使用太大的压力，即使在侧面进行抛光作业，也只需要使用与平面同等压力。不要增加或减小压力，这样就不会因为压力不均匀产生有的部位抛得严重有的部位抛得较轻，从而产生光圈或是划痕没有清除。

（2）盘面与抛光的角度　抛光应根据盘面的形状使用压力。如果过度地抛光会形成研磨面不均匀，同时由于局部发热，会造成抛光分界线、抛光伤痕、抛光烧接等现象，因此抛光盘与被抛面的角度要尽量小，避免在局部增加过大的压力。

（3）抛光范围　一次抛光的范围由于汽车的车体形状和大小而不一样，因此应控制在一定的范围内，以肩膀宽度为界线。如果抛光范围过宽，就要依靠臂力，会造成用力不均匀，人的体力也难以长久支持，还会造成抛光面的不均匀。

（4）移动的速度　抛光机和盘面上的研磨剂在研磨时应速度适宜，如果速度过快，则不能控制按压力，还会达不到削切量，出现摩擦不均匀。

上述为移动抛光机的基本方法，但是汽车表面的形状复杂，因此还要按以下方法操作：抛光不能只是一个方向，应该向纵、横两个方向移动（即井字形方法），以避免摩擦不均匀。

（5）移动抛光的幅度　抛光盘面在车漆上留下的痕迹是每次重合盘面1/4~1/3的面积。

### 四、漆面划痕的类别与分辨

漆面划痕按照损伤程度分为轻微划痕、中度划痕和重度划痕，如图 4-1-1 所示。

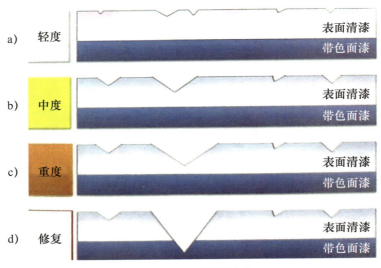

图 4-1-1 漆面划痕

1）轻微划痕是指车辆因不规范洗车，车漆表面因轻微摩擦产生的细微划痕，在光线充足的条件下可见，如发丝纹、炫纹等在清漆表面的细微划痕。

2）中度划痕是指漆面出现明显可见，用指甲不能明显感受到的划痕。

3）重度划痕是指用手指甲明显感觉到，并划透清漆层的划痕。

轻微划痕和中度划痕可以通过抛光工艺修复，重度划痕无法通过抛光手段完全恢复，建议重新喷涂油漆进行修复。

### 五、抛光与还原的主要设备和工具

#### 1. 抛光与还原主要设备

抛光与还原主要设备见表 4-1-2。

表 4-1-2 抛光与还原主要设备

| 电动抛光机 | 抛光机是一种集研磨和抛光于一体的设备，按类型分为直抛机、振抛机、细节抛光机 |  |
| --- | --- | --- |

抛光机也称为研磨机。抛光机常用于机械式研磨、抛光及打蜡。其工作原理是通过电动机带动安装在抛光机上的抛光盘高速旋转，由于抛光盘和抛光剂共同作用并与待抛光表面进行摩擦，进而达到去除漆面污染、氧化层和浅划痕的目的。

1）抛光机按动力分为气动式和电动式两种。气动式比较安全，但需要气源，如图 4-1-2 所示；电动式容易解决电源问题，但操作时必须注意用电安全，如图 4-1-3 所示。

图 4-1-2 气动抛光机

图 4-1-3 电动抛光机

2）抛光机按转速分为高速抛光机、中速抛光机和低速抛光机三种。高速抛光机转速为 1750~3000r/min，转速可调；中速抛光机转速为 1200~1600r/min，转速可调；低速抛光机转速为 1200r/min，转速不可调。

## 2. 抛光与还原主要工具

抛光与还原主要工具见表 4-1-3。

表 4-1-3 抛光与还原主要工具

| 抛光盘 | 羊毛盘、海绵盘，用于漆面不同位置的抛光，根据切削力大小进行分类 |  |
| --- | --- | --- |

将抛光盘安装在抛光机上，与研磨剂或抛光剂共同作用完成研磨与抛光作业。吸盘式抛光盘应用最广泛，与之配合使用的抛光机的机头有用螺钉固定的托盘，托盘的工作面可粘住带有尼龙易粘平面的物体，因此可以根据需要选择各种吸盘式的抛光盘。工作时只需将此种抛光盘贴在托盘上，便可实现抛光盘

的快速更换。抛光盘按材料分为羊毛抛光盘、海绵抛光盘和兔毛抛光盘三种。

（1）羊毛抛光盘　羊毛抛光盘为传统式切割材料，研磨能力强、功率大，研磨后会留下旋纹，一般用于普通漆的研磨和抛光，用于罩光漆时要谨慎。羊毛抛光盘按颜色一般分为白色和黄色两种，如图4-1-4所示。

**图 4-1-4　羊毛抛光盘**

1）白色羊毛抛光盘：切削力强，能去除漆面上的严重瑕疵，配合较粗的蜡打磨可快速去除橘皮或修饰研磨痕。

2）黄色羊毛抛光盘：切削力较白色羊毛抛光盘弱，一般配合细蜡来抛光漆面，去除漆面粗蜡抛光痕及轻微擦伤痕。

（2）海绵抛光盘　海绵抛光盘切削力较羊毛抛光盘弱，不会留下旋纹，能有效去除漆面的中度瑕疵，可用于车身普通漆和透明漆的研磨及抛光，一般用于羊毛抛光盘之后的抛光、打蜡。海绵抛光盘按颜色一般可分为三种，如图4-1-5所示。

**图 4-1-5　海绵抛光盘**

1）黄色盘：一般作为研磨盘，质硬，用以消除氧化膜或划痕。

2）白色盘：一般作为抛光盘，质软、细腻，用以消除发丝划痕或抛光。

3）黑色盘：一般作为还原盘，质软、柔和，适合车身为透明漆的抛光和普通漆的还原。

### 3. 研磨剂

研磨剂如图 4-1-6 所示。研磨蜡又称粗蜡，呈颗粒状，成分中含有极细微的磨料，会伤害车漆，用于处理漆面表层深度的划伤、氧化、腐蚀等，使用后会形成一层细密的保护膜。

图 4-1-6　研磨剂

抛光蜡又称中蜡，成分中含有超微细的磨料。抛光蜡中的磨料颗粒较研磨蜡中的要小，用于研磨后的抛光工序，能迅速去除面漆表层的中度或低度划伤、氧化、腐蚀、异物，并形成一层更细密的保护膜，使漆面更光滑和亮丽。

研磨时要根据漆面的状况和划痕的深浅选择专用的、合适的研磨剂。研磨剂越粗，切磨效率越高，但抛光后平整度就越差，光泽度越低；反之，研磨剂越细，光泽度就越高，但切磨效率越低。因此可以先用粗蜡研磨，实现快速切削，去除橘皮或砂纸痕迹；再用细蜡抛光，去掉粗蜡所带来的划痕，恢复漆面光泽。但这个程序不是一成不变的，例如，对于类似发丝的划痕可以直接进行抛光处理，这样漆面就可以得到更多保护。各种研磨剂的使用方法见表 4-1-4。

表 4-1-4　各种研磨剂的使用方法

| 名称 | 重切削美容粗蜡 | 美容粗蜡 | 镜面处理剂 |
|---|---|---|---|
| 图片 | | | |
| 别称 | 粗蜡 | 中蜡 | 细蜡 |
| 特点 | 有效去除划痕（不露底漆）、腐蚀、污垢、氧化层 | 去除轻微划痕 | 去除粗蜡、中蜡留下的圈痕、细微划痕、太阳纹等，使漆面达到高光泽效果 |
| 适用范围 | 车漆划痕比较多，受损比较严重的漆面 | 新喷涂的双组分油漆进行漆后抛光处理 | 在漆面处理工序中接粗蜡、中蜡工序 |

（续）

| 名称 | 重切削美容粗蜡 | 美容粗蜡 | 镜面处理剂 |
|------|---------------|----------|-----------|
| 适合车漆 | 金属车漆 | 金属车漆 | 金属车漆，深色车漆效果更佳 |
| 相关操作 | 配合转速 1500~2000r/min 的抛光机及海绵抛光盘或羊毛抛光盘使用，可去除喷漆后产生的橘皮、垂流、未伤底漆的重划痕及严重氧化层 | 配合转速 1500~2500r/min 的抛光机及海绵抛光盘或羊毛抛光盘使用，可有效去除打磨痕迹和漆面表面失光 | 配合转速 1500~2500r/min 的抛光机及海绵抛光盘或羊毛抛光盘使用，使漆面达到高光泽的镜面效果（局部可手工反复擦拭操作） |

## 六、汽车漆面抛光、还原操作工艺

研磨与抛光属于同一类护理作业，其使用的设备及操作方法基本相同。

### 1. 抛光、还原前清洁处理

将车辆彻底清洗干净，检查车漆表面质量，使用专用清洁剂去除沥青、不干胶、虫尸、铁锈等污物。

1）沥青、不干胶等应用沥青去除剂喷洒表面，虫尸和树胶可使用虫尸去除剂喷洒表面。用佩戴橡胶手套的手轻轻搓洗，直至痕迹消除，用弱水冲洗。

2）车漆表面的铁粉和铁锈痕迹可使用洗车泥、磨泥盘和磨泥布配合铁粉去除剂对漆面氧化层进行处理，要求用手摸上去光滑无异物感。

### 2. 遮蔽施工

1）使用遮蔽膜遮蔽车窗，利用遮蔽膜上的美纹纸沿车窗胶条与车漆连接处认真贴装，然后在中间部位用美纹纸把遮蔽膜连接到一起。

2）利用美纹纸对前照灯、车牌、前脸、车灯、车标及装饰条进行遮蔽，要求遮蔽无遗漏，如图 4-1-7 所示。

图 4-1-7 遮蔽施工

3）对后视镜、门把手和车侧面装饰条用美纹纸进行遮蔽，要求遮蔽无遗漏。

4）对车辆后尾灯、装饰条、车牌等进行遮蔽，要求遮蔽无遗漏。

### 3. 研磨

研磨是漆面轻微缺陷修复的第一步，用研磨／抛光机作业，研磨完成后还要抛光、还原，这是三道连续的工序。

（1）研磨的作用　研磨主要用于去除漆膜表面的氧化层、轻微划痕等缺陷。

（2）研磨的操作

1）利用捕纹灯找出漆面重度氧化层区域，并标注。

2）抛光盘的选择。要根据漆面实际状况、选用的研磨剂及抛光盘的特点进行选择。目前有些生产厂家根据各自护理产品的特点配有专门的抛光盘。抛光盘应洁净，与托盘粘接牢固，并且必须在中心位置。

3）涂研磨剂。将研磨剂充分摇晃均匀，在漆面上涂上一条浅薄且不连续的研磨剂。

4）研磨。用抛光盘将研磨剂均匀涂抹在待抛光漆面上，保持抛光盘平面与待抛光漆面基本平行（局部抛光除外）。控制研磨机的转速在 1400～1800r/min 之间，起动抛光机，沿与划痕垂直的方向移动并逐渐向前推进，抛光盘经过的长条轨迹之间要相互重叠 1/3，如图 4-1-8 所示。

 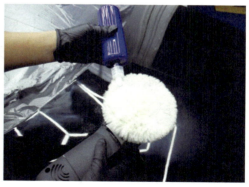

图 4-1-8　研磨机研磨

5）对于车身边角不宜使用研磨机的位置，可使用手工研磨，用柔软的布、厚绒毛巾或柔软的抛光盘蘸研磨剂进行研磨。

6）待操作结束，用清水将研磨表面冲洗干净，彻底擦拭。

（3）研磨作业质量检验

1）首先观察漆面状况。当漆面被充分研磨后，会显现规律且一致的螺旋纹而不是直线的划痕。

2）操作后漆面没有明显的光泽度。

### 4. 抛光

抛光是紧随研磨的第二道工序，漆面研磨后必须抛光，用抛光机实施作业。

（1）抛光的作用　抛光主要用于清除研磨留下的细微划痕，消除漆面细微划痕（发丝划痕）和处理汽车漆面轻微损伤及各种痕迹，进而达到光亮无瑕的漆面效果。

（2）抛光的方法　具体操作方法与研磨施工基本相同。需正确选择抛光剂和抛光盘，抛光机的转速控制在1800~2200r/min。湿抛时（依据研磨剂的成分决定是湿抛还是干抛）将抛光机的海绵盘用水充分润湿后，甩去多余水分，再取少量抛光剂涂于漆面，应每一小块进行一次处理，不可大范围涂抹。抛光机的抛光盘应平放于漆面上，保持与漆面相切，力度适中，速度均匀。抛光作业结束后，漆面浅划痕可基本消除，对于抛光作业中残留的一些发丝划痕、螺旋纹等，可通过漆面还原进行处理。

**以双人漆面抛光操作为例，顺序为：**

1号：前机盖→前保险杠→左前翼子板→左车顶→左前门→左后门→左后翼子板。

2号：后机盖→后保险杠→右后翼子板→右车顶→右后门→右前门→右前翼子板。

（3）抛光作业质量检查

1）观察漆面状况，经过充分抛光的漆面不能留有研磨后的螺旋纹与划痕。

2）漆面光泽度非常好。

（4）研磨、抛光操作注意事项

1）研磨剂、抛光剂不可直接涂抹在抛光盘上，应分次少量涂抹在待处理的漆面部位。不能涂得太多太厚，以免未使用时已干燥。

2）研磨、抛光作业时应先将抛光盘轻压在漆面上，然后再起动抛光机。如果抛光机在接触漆面前旋转，很容易划伤车漆表面。作业时应保证抛光盘与车漆表面完全接触，切勿倾斜抛光盘使用其边缘，否则容易损伤车漆表面。

3）研磨、抛光时应做到边看漆面、边看划痕、边进行抛光操作。抛光机的移动速度应由慢至快，漆面瑕疵多的地方用力要重而缓慢。

4）研磨、抛光时抛光机在车漆表面必须不停地移动，如果任其长时间停留在一个部位，那么车漆便会被产生的热量软化以致磨穿漆面，甚至可能被抛光盘和嵌入车漆中的抛光剂划伤。

5）如果不慎操作到干结于车漆表面的抛光剂，有可能造成车漆表面的损伤，所以如果有任何抛光剂干结在漆面上，必须用浸有水或抛光剂的抹布迅速擦去。

6）靠近板件边缘及板件径线的涂层一般特别薄，很容易造成抛光过度。所以抛光盘的移动方向应是从内向外。

7）研磨、抛光作业也可以手工完成。在手工抛光时应注意抛光移动路线，不可胡乱刮擦或环形移动，应该沿车身纵向平行线进行往复运动。

8）操作时双手紧握抛光机，将电线或空气软管通过肩膀置于身后，以防电线或空气软管互相缠绕。

9）在完成用抛光盘进行的抛光工序后，要彻底清洗抛光盘，并使其干燥。

### 5. 还原

还原是尾随抛光的第三道工序，抛光作业后必须还原，用抛光机实施作业。

（1）还原的作用　还原剂又称"镜面处理剂"，是针对漩涡划痕、轻微划痕及车体表面轻微污垢、腐蚀、氧化等直接影响漆面镜面效果的症状。采用纳米抛光成分的还原剂，可迅速去除车体表面微小瑕疵，将原车漆的光泽还原回新车的状态，漆面像镜子一样平整光滑且有质感，因此还原也称为镜面处理。还原剂还在车蜡和漆膜中间起到绝缘的作用，以确保打蜡后的效果。还原剂的主要功能是"消除最后的划痕，把车漆还原到新车状况"。在还原剂的基础上使用增艳剂具有增艳作用，两者都能起到密封的作用。

（2）还原的方法　漆面还原的操作方法与研磨、抛光施工基本相同，要求正确选择抛光盘和还原剂。

1）清洗车辆表面的蜡痕，并将车体表面擦干。

2）机械操作：将还原剂涂抹于约$50cm^2$漆面，研磨盘以$1000\sim1500r/min$的速度从里往外、匀速且力度适中地对漆面进行抛光。操作过程中注意使抛光机的海绵盘保持与漆面相切，最后用柔软的毛巾手动擦去多余的还原剂。

3）手工操作：将还原剂用毛巾直接涂抹于约 $50cm^2$ 漆面，用海绵轻柔地从里往外擦拭，去除划痕、污垢、腐蚀及氧化层等，然后用柔软毛巾抛光即可。如有必要，可反复涂抹。

### 6. 漆面清洗

去除车身遮蔽防护，按照漆面精洗要求对车辆进行仔细清洗，确保缝隙中无抛光蜡残留。

## 学习任务二 汽车漆面打蜡

### ✏️ 知识和技能目标

1）了解汽车蜡的作用、种类、选择及选购等相关知识。

2）掌握汽车打蜡的方法和常见的设备与工具。

3）掌握打蜡的操作工艺及注意事项。

### ✏️ 过程与方法目标

1）灵活运用各种媒体资源查找汽车蜡及打蜡工艺的相关知识，提升获取信息和查找相关资料的能力。

2）提升自身制订工作计划、解决问题、优化决策的能力。

### ✏️ 素养目标

1）提升对汽车漆面打蜡作业的兴趣和重视度。

2）体会个人专业、职业发展的重要意义，提高学习兴趣，养成良好的职业道德。

3）通过实践操作来培养自身良好的职业素养、工作态度和责任感。

车蜡是传统的汽车漆面保养物，以天然蜡或合成蜡为主要成分，通过渗透进入漆面的缝隙中使表面平整而起到增加光亮度的效果。传统汽车打蜡以上光保护为主。

## 一、汽车蜡

### 1. 汽车蜡的作用

汽车蜡的主要成分是聚乙烯乳液或硅酮（聚硅氧烷）类高分子化合物，并含有油脂和其他添加成分。如图 4-2-1 所示，其对汽车漆面主要起到以下保护作用。

高温暴晒　空气氧化　酸雨水垢　风沙粉尘　鸟粪虫尸　树胶叶痕

图 4-2-1　汽车蜡的作用

（1）防水作用　汽车经常暴露在空气中，免不了风吹雨淋，水滴存留在车身表面，在天气转晴，强烈阳光照射下，每个小水滴就是一个凸透镜。在它的聚焦作用下，焦点处温度可达 800~1000℃，造成漆面暗斑，极大影响了漆面的质量及使用寿命。另外，水滴易使暴露金属表面产生锈蚀。

（2）抗高温作用　汽车蜡可以对来自不同方向的入射光有效地反射，防止入射光使面漆或底色漆老化变色，延长漆面的使用寿命。

（3）隔离作用　汽车属于户外工具，且行驶环境多而杂，极易受到灰尘、有害气体、酸雨等具有腐蚀性物质的侵蚀。同时，有害气体和灰尘会造成车漆表面的变色与老化。汽车蜡可在漆面与大气之间形成一层细薄的保护层，将车漆与有害物质隔离，起到"屏蔽"的作用。

（4）防静电作用　汽车在行驶过程中，空气中的尘埃与车身表面相互摩擦产生静电，在静电作用下，灰尘会附着于车身表面。车蜡可隔断尘埃与车身表面的接触，通过打蜡，不仅可有效地防止车身表面静电的产生，还可大大降低带电尘埃在车身表面的附着。

（5）上光作用　上光是车蜡的最基本作用。汽车的车身漆面类似车身的外衣，肉眼观察一辆汽车的新旧，很大程度上取决于车漆，因此，对车漆的护理十分重要。打蜡可以改善车身漆面的光亮程度，增添亮丽的色彩，但维持时间不长。

（6）研磨抛光作用　当漆面出现浅划痕时，可使用抛光蜡去除。如划痕较浅，抛光和打蜡作业可一次完成。

（7）防紫外线作用　日光中的紫外线容易通过折射进入漆面，防紫外线车蜡充分考虑了紫外线的特性，能在很大程度上降低其对漆面的侵害。

### 2. 车蜡的种类

1）按物理状态的不同，汽车蜡可分为固体蜡、液体蜡（膏状蜡）和喷雾蜡，如图 4-2-2、图 4-2-3 所示。

图 4-2-2　固体蜡

图 4-2-3　液体蜡

2）按功能不同，汽车蜡可分为上光保护蜡和抛光研磨蜡。

①上光保护蜡：上光保护蜡不含任何研磨材料，有无色上光蜡和有色上光蜡两种，如图 4-2-4 所示。无色上光蜡用于漆面状况较好的汽车，主要起增光作用，有色上光蜡主要以增色为主。

图 4-2-4　上光保护蜡

②抛光研磨蜡：用于研磨和抛光还原作业，主要采用研磨剂和其他材料制成，如图4-2-5所示。其中砂蜡可去除车身表面污垢、顽渍和轻微的划痕，同时能清除老化、亚色、变色的旧漆层，从而使车身恢复亮丽光彩，光洁如新。抛光研磨蜡可用于清洁车辆表面的微痕、漩涡状划痕、轻度氧化物及水斑，适用于手工抛光或机器抛光。

图 4-2-5　抛光研磨蜡

3）按其作用不同分类，一般分为防水蜡、防高温蜡、防静电蜡以及防紫外线蜡等多种。

4）按生产国家不同分类，汽车蜡可分为国产蜡和进口蜡。

目前，国产车蜡著名品牌如车仆、标榜、好顺、奥吉龙等，基本上都是普通汽车蜡。中高档汽车蜡绝大部分为进口车蜡，常见进口蜡多来自美国、英国、日本、荷兰等国家，如美国龟博士系列汽车蜡、美国3M系列汽车蜡、英国尼尔森系列汽车蜡等。

### 3. 汽车蜡的选择

由于各种车蜡的性能不同，其作用效果也不一样，所以在选用时必须慎重，选择不当不仅不能对汽车漆面起到保护作用，甚至会导致车漆受损。在选择汽车用蜡时应考虑车辆的作用特点、新旧程度、车漆颜色及行驶环境等因素，选用时一般应注意以下事项。

（1）根据汽车的行驶环境选择　由于车辆的行驶环境千差万别，在汽车蜡的选择上应着重考虑车辆漆面的保护。例如，车辆经常行驶在泥泞、山区、尘土等恶劣道路环境中，应选用保护作用突出的树脂汽车蜡；沿海地区应选用防盐雾功能较强的汽车蜡；化学工业区应选用防酸雨功能较强的汽车蜡；光照较强的地区应选用防紫外线、抗高温性能优良的汽车蜡；多雨地区应选用防水性能较好的汽车蜡。

（2）根据漆面的质量选择　对于中高档轿车，其漆面质量较好，应选用高档汽车蜡；普通车辆可选用普通汽车蜡。

（3）根据车漆颜色选择　一般深色车漆选用黑色、红色、绿色系列的车蜡；浅色车漆选用银色、白色、珍珠色系列车蜡。

（4）根据漆面的新旧程度选择　新车或新喷涂的车辆，应选用上光蜡，以保持车身的光泽与颜色；对旧车或漆面有漫射光痕的车辆，可选用研磨蜡对其进行抛光处理后，再使用上光蜡上光。

（5）根据季节不同选择　夏季一般光照较强，宜选用防高温、防紫外线能力强的汽车蜡。

（6）用成套的系列产品　汽车漆面美容应尽量采用成套的系列产品，不配套的美容蜡美容的效果往往不会令人满意，易出现不必要的麻烦。

### 4. 汽车蜡的选购

（1）关注品牌　选择汽车用蜡时，应注意包装上注明的品牌与生产厂家，应选择正规厂家生产的产品或品牌产品。

（2）关注说明　正规厂家生产的产品或品牌产品都附有使用说明书，且一般在包装上注明产品特性、适用范围、使用方法和注意事项等内容。选购时要仔细阅读，根据实际需要进行选择。

（3）关注质量　选购汽车蜡时，可用手指蘸取一点蜡，在两指之间轻轻揉搓，如感觉存在小颗粒状的物质，该蜡可能是劣质蜡，打蜡时会造成划痕，需慎重选择。

### 5. 车辆打蜡的时机

由于车辆行驶的环境与停放场所不同，打蜡的时间间隔也应有所不同。一般有车库并经常在良好道路上行驶的车辆，每3~4个月打蜡1次，否则应1~2个月打蜡1次。但这并非硬性规定，一般通过目视或用手触摸车身，光泽较差或感觉不光滑时就应再次打蜡。

## 二、常用汽车打蜡设备

常用汽车打蜡设备见表4-2-1。

表 4-2-1 常用汽车打蜡设备

| 轨道打蜡机 | 以椭圆形轨迹旋转，配合打蜡盘套和抛蜡盘套进行操作 |  |
|---|---|---|
| 打蜡盘套 | 由外层的毛巾套和底层皮革组成，其中皮革起防渗作用 | 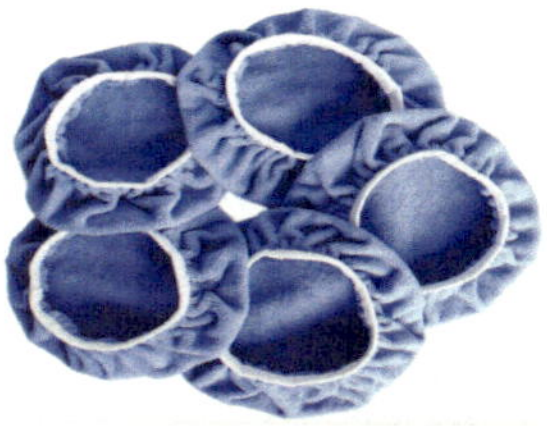 |
| 抛蜡盘套 | 全棉、全毛或混纺、海绵均是制作抛蜡盘套的材料。一般常用全棉抛蜡盘 |  |
| 打蜡海绵 | 又称清洁膏海绵，材质柔软，单次使用清洁后可反复使用 |  |
| 擦蜡毛巾 | 用于清洁汽车漆面及边角的蜡 |  |

## 三、汽车漆面打蜡工艺

为了保证汽车的打蜡效果，打蜡的程序至关重要。

### 1. 车辆清洗

实施打蜡操作前，必须对车辆进行彻底清洗，去除表面污渍，待漆面擦干后再进行上蜡，如图 4-2-6 所示。部分存有残余车蜡的车漆表面必须用开蜡水进行除蜡处理，如果车漆已经褪色或氧化，必须在清除掉旧的和氧化的车漆后才能进行打蜡。

图 4-2-6　车辆清洗

### 2. 打蜡

打蜡一般分手工打蜡和机械打蜡两种。手工打蜡简单易行，可控性强，目前各汽车美容装饰店应用较多，而机械打蜡效率高，但边角处操作较困难。

（1）手工打蜡　首先将适量的车蜡涂在专用打蜡海绵上（或用海绵蘸取适量车蜡），保证每次处理的面积一定，使用手掌和中间的三个手指按住海绵，以划小圆圈旋转的方式均匀涂蜡；圆圈的大小以圆圈内无遗漏漆面为准，每圈盖住前一圈 1/3，圆圈轨迹沿车身前后直线方向，如图 4-2-7 所示。图 4-2-8 所示为打蜡的轨迹。

操作轨迹一般沿车身移动，例如，前机盖→右前翼子板→右前车顶→右前车门→右后车顶→右后车门→右后翼子板→后机盖→后保险杠→左后翼子板→左后车顶→左后门→左前车顶→左前门→左前翼子板→前保险杠。蜡膜尽量做到薄而均匀。

图 4-2-7　手工打蜡

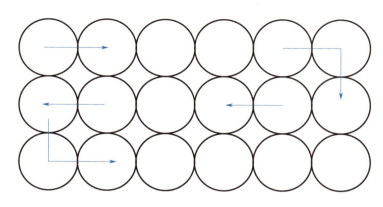

图 4-2-8　打蜡轨迹

在全部漆面上均匀涂一薄层车蜡，以漆面明显覆盖一层车蜡为准，喷漆的前后塑料保险杠也要涂蜡。

（2）机械打蜡　机械打蜡是将车蜡涂在打蜡机海绵上，具体操作过程与手工打蜡相似，打蜡机的转速控制在 150~300r/min 之间，如图 4-2-9 所示。在进行边、角、棱处的涂布时，应避免超出漆面，一般建议边角配合手工打蜡完成。

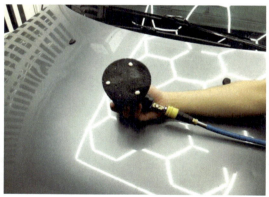

图 4-2-9　机械打蜡

### 3. 下蜡抛蜡

一般在打蜡 5~10min 后，蜡表面开始发白，呈粉末状，可用手背接触感受车蜡的干燥程度，车蜡刚刚干燥而不沾手即可进行抛蜡。抛蜡使用的擦蜡毛巾不要太硬，但一定得是干的，擦蜡毛巾为纯棉料，要求力度适中。使用的时候要折叠成方块状，五指并拢，压在毛巾上擦，如图 4-2-10 所示。

质量标准：没有迹印和蜡印，没有遗漏，倒影清晰可见，漆面色泽亮丽，有新车的感觉。

### 4. 清理缝隙、清除残蜡

手工清除边角、缝隙处剩余的残蜡，顺序与涂抹蜡一样，使用毛巾和细节刷将残留在汽车表面缝隙里的车蜡清理干净，让车保持彻底的干净，如图 4-2-11 所示。

图 4-2-10　下蜡抛蜡

图 4-2-11　清除残蜡

### 5. 橡胶边色泽还原

顺序与涂抹蜡一样，使用橡胶件保护剂给橡胶边条上光，如图 4-2-12 所示。

### 6. 竣工与质量检查

竣工质检如图 4-2-13 所示。

图 4-2-12　橡胶边条上光

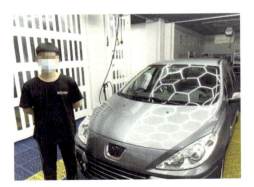
图 4-2-13　竣工质检

## 四、注意事项

1）新车建议打蜡。一般出厂的新车表面，不存在车蜡，建议车辆在新车期间对其进行保护。

2）打蜡前应彻底清洁车身，去除表面泥土和灰尘。

3）应在室内（或阴凉处）进行汽车打蜡，保证车体不发热。因为随着温度的升高，车蜡的附着性会变差，影响打蜡质量。

4）打蜡时，使用打蜡海绵取适量车蜡，在车体上沿水流方向画圈方式涂抹，整个操作需一次完成，不可涂涂停停。一般蜡层涂匀后 5~10min 进行抛蜡处理。

5）车身打蜡后，在车灯、车牌、车门和行李舱等处的缝隙中会残留一些车蜡，应逐一检查并清洁。

6）正确控制打蜡频率。一般建议室内车库停放，常在环境良好的道路上行驶的车辆，每 3~4 个月打一次蜡；露天停放的车辆，由于风吹雨淋，建议每 2~3 个月打一次蜡。

## 学习任务三 汽车漆面封釉

### 📝 知识和技能目标

1）了解汽车封釉的特点与功用。

2）掌握汽车封釉与打蜡的区别。

3）掌握常用汽车封釉、镀膜设备与工具。

4）掌握汽车漆面封釉工艺及注意事项。

### 📝 过程与方法目标

1）灵活运用各种媒体资源查找汽车封釉的概念及封釉工艺的相关知识，提升获取信息和查找相关资料的能力。

2）提升自身制订工作计划、解决问题、优化决策的能力。

### 📝 素养目标

1）提升对汽车封釉作业的兴趣和认同度。

2）体会个人专业、职业发展的重要意义，提高学习兴趣，养成良好的职业道德。

3）通过实践操作来培养自身良好的职业素养、工作态度和责任感。

# 一、汽车封釉

## 1. 封釉的功用

釉实际是一种从石油副产品中提炼出来的抗氧化剂。其特点是防酸、抗腐、耐高温、耐磨、耐水洗、渗透力强、附着力强、高光泽度等。汽车封釉的操作工序如图 4-3-1 所示。

图 4-3-1　汽车封釉的操作工序

汽车封釉时，采用柔软的羊毛或海绵通过振抛机的高速振动和摩擦，利用釉特有的渗透性和粘附性把釉分子强力渗透到汽车表面油漆的缝隙中，使其在车漆表面形成独特、牢固的网状保护层，以保护原车漆面，如图 4-3-2 所示。其主要作用如下。

图 4-3-2　汽车封釉的效果

1）抵抗紫外线：汽车的车漆犹如人的皮肤般娇嫩，如果长时间在太阳底下暴晒，很容易影响车漆的颜色，如果本身车漆就不好的话，还可能会局部脱离。

2）防腐蚀：可以有效地抵抗如酸雨、一些化学制剂、树胶对车漆的伤害。

3）抗氧化：可以延缓车漆在大气下的氧化。

4）抗划痕：好的釉可以成为车漆的保护衣，可以阻挡外界对于车漆的损伤，例如，用掸子掸车身的土、洗车形成的轻微划痕。

5）上光作用。

6）防静电、抗高温作用。

### 2. 汽车封釉的特点

汽车打蜡与封釉都是车辆漆面美容、保护的护理方法。但从实际功能与效果体现看，汽车封釉有着更多的优势。

（1）釉剂不溶于水　汽车使用的蜡是可溶于水的，如果汽车在打完蜡后遇上下雨，车身漆面的蜡会被雨水所溶解，无法起到保护漆面和美容的作用。釉剂通过高速振动和摩擦渗透到车漆表面的间隙内，并形成带固化剂的液体玻璃，其不溶于水，相当于给汽车漆面"穿上"一层透明坚硬的"保护衣"，因此汽车封釉后可长期保护汽车漆面。

（2）保护时间长　汽车封釉根据产品种类不同，其保护作用一般可达3~6个月。期间汽车表面的灰尘可以轻松擦去，避免经常洗车对漆面造成的伤害。

（3）独有的漆面保护性　釉剂表面无黏性、附着性，使得漆面即使处于恶劣和污染的环境中也能长久保持洁净。实验表明，在封釉后，汽车漆面可以承受320℃的高温。同时汽车封釉可提高汽车漆面的硬度，如果以金刚石的硬度为10分计，那么普通汽车漆面的硬度不到1分，而做了封釉后，汽车漆面的硬度可以提高到7分，而且封釉还有防酸、防碱、防褪色、抗氧化、防静电、抗紫外线等功能。

（4）美容效果好　对新车进行封釉美容可以延长车漆的使用寿命，减缓褪色，使车漆光彩永驻。对旧车封釉效果则更加明显，旧车封釉可以使氧化褪色的车漆还原增艳，具有翻新的效果。

### 3. 打蜡与封釉的区别

1）晶体釉不溶于水，可以弥补汽车打蜡后怕水的缺陷，做完封釉处理后，不用担心被水溶解的现象发生，可以长期保护汽车漆面。

2）不损坏原有的车漆。封釉工艺含有纳米技术，可以使流动的釉体在汽车漆面表层附着，并以透明状硬化，因此可以起到保护漆面的作用。

3）保护时间长。一次封釉可以保持一年以上，而打蜡只能维持3~4个月。

## 二、常用汽车封釉、镀膜设备与工具

封釉机一般常用电动与气动两种。它可以通过高频振动与快速转动，与漆面摩擦产生热量，使漆面局部产生一定程度的扩张，釉剂通过振动均匀地被挤压渗透到漆面中，并在漆面上形成一层极薄的保护膜，有效地保护和美化漆面。封釉机的使用与抛光机相似，一般采用吸盘式封釉波纹海绵盘与封釉机的托盘相连。

### 1. 汽车封釉设备

汽车封釉设备见表4-3-1。

表4-3-1 汽车封釉设备

| | | |
|---|---|---|
| 电动封釉机 | 采用电能驱动，操作中旋转离心力较大 | |
| 气动封釉机 | 采用压缩空气作为动力驱动，可调节转速，操作较安全 | |
| 抛光机 | 抛光机由底座、抛盘、抛光织物、抛光罩及盖等基本元件组成 | |

## 2. 汽车封釉工具

汽车封釉工具见表 4-3-2。

表 4-3-2　汽车封釉工具

| 封釉海绵盘 | 粘接于封釉机表面，使用后需彻底清洁，可反复使用 | |
| --- | --- | --- |
| 洗车泥 | 又称火山泥，用于去除汽车表面的铁粉、飞漆、树胶和污垢，也可用于车漆、玻璃、前后保险杠 | |
| 胶带纸 | 用以保护汽车车漆表面，遮挡飞漆、蜡、颜色、灰尘等，也可用于汽车零部件保护、隔绝灰尘等 | 宽3cm　宽2.5cm　宽2cm　宽1cm |
| 高压气枪 | 连接压缩空气阀，用以清洁灰尘，去除残留在缝隙中的水滴 | |
| 清洁毛巾 | 用于清洁汽车漆面及边角处釉剂 | |

## 三、汽车漆面封釉工艺

1）彻底清洗车辆。

2）全车贴防护胶条。

3）漆面抛光与还原处理。

4）封釉工艺。

①手工上釉：将釉剂充分摇动均匀后直接倒在车身上，用干净的软布轻快而有力地画圈，直到釉剂消失并出现光泽。操作时手压力越大，去污渍的效果越好，车漆面氧化层去除得越彻底，漆面就越有光泽，釉剂附着力越强。

②封釉机上釉：使用封釉机将釉剂通过振动挤压至车漆的底部，使分子间形成网状的保护层。

5）清洁。

①用超纤维专用擦膜毛巾擦去釉（膜）与车漆产生的结晶，方法为画小圈直线擦拭。

②去掉防护胶条和玻璃遮蔽纸，清理门边干燥的釉剂。

## 四、漆面封釉注意事项

1）封釉后8h内切勿洗车。因为在这段时间内，釉层还未完全凝结仍在继续渗透，冲洗将会冲掉未凝结的釉剂。

2）完成封釉美容后应尽量避免洗车，产品可防静电，一般灰尘用干净柔软的布条擦去即可。

3）封釉美容后无需再打蜡，因为蜡层可能会粘附在釉层表面。

## 学习任务四 汽车漆面镀晶

### 📝 知识和技能目标

1）了解汽车漆面镀晶的分类、特点与功用。

2）掌握汽车镀晶与镀膜的区别。

3）掌握汽车漆面镀晶工艺及注意事项。

## 过程与方法目标

1）灵活运用各种媒体资源查找汽车镀晶的概念及镀晶工艺的相关知识，提升获取信息和查找相关资料的能力。

2）提升自身制订工作计划、解决问题、优化决策的能力。

## 素养目标

1）提升对汽车镀晶作业的兴趣和认同度。

2）体会个人专业、职业发展的重要意义，提高学习兴趣，养成良好的职业道德。

3）通过实践操作来培养自身良好的职业素养、工作态度和责任感。

## 一、漆面镀晶

汽车漆面镀晶可以在汽车漆面形成一层具有多种强大保护晶体和防紫外线的过滤层，可提高漆面镜面光泽度和硬度，同时还可防止刮痕，防紫外线、酸雨、烟雾、沥青、飞漆、昆虫浆液、鸟粪等有害物质对漆面的损害，从而达到保护漆面的目的。

汽车漆面镀晶犹如给车漆穿上了一件高科技"隐形车衣"，完全隔绝了灰尘、油污、霉菌、水分子等微粒对车漆的侵蚀，使漆面长期保持其原有光亮艳丽的色泽，是目前汽车美容的核心产品，也有专家认为是漆面镀膜的升级版，如图 4-4-1 所示。

图 4-4-1　漆面镀晶

### 1. 漆面镀晶的分类

（1）无机结晶体

1）优点：结晶体品质好、耐酸碱。

2）缺点：纯度低时不能发挥效果，纯度高时易开裂。固体含量47%，每车用量10mL可以测试效果。

（2）有机聚合结晶

1）优点：表干速度快，拨水性好。

2）缺点：固体含量普遍低于30%，在碱性环境下保持不超过1个月，正常使用保持3个月左右。

（3）纳米渗透性结晶

1）优点：拨水性好、亮度高。

2）缺点：对漆面无保护效果。

### 2. 漆面镀晶作用

汽车漆面镀晶是为了区别于镀膜、打蜡与封釉提出的概念。镀晶的基本要求是所使用材料是$SiO_2$无机物，能在施工表面生成多个结构，通常情况下分子为纳米级，通过高分子聚合物的作用在施工表面形成一隔离层。该隔离层具有抵抗紫外线，抗油，低表面能，疏水的功能，从而保护漆面。其主要作用如下。

（1）耐划痕　晶体相比于普通车漆的硬度，钻石晶体硬度更高，能防止大多数轻微的划痕，并且自身有弹性恢复功能，保护车辆免受日常轻微划痕的侵扰，使漆面划痕较一般镀膜减少70%以上。当外力超出晶体弹性保护范围时，一般也只是在晶体上留下划痕，不会损伤到漆面。

（2）耐腐蚀　钻石晶体超细的纳米晶体层将漆面与外界隔绝，能有效防氧化，耐鸟粪、飞虫浆液、酸雨等的腐蚀。

（3）不龟裂　钻石晶体抗紫外线，抗高温、严寒，耐温范围达–50~300℃，适应温度变化范围宽，不会产生龟裂、脱落。

（4）易清洗　钻石晶体强大的纤维网会填补车身漆面看不见的细小毛孔，使漆面达到镜面状态，使车身易清洗保养，各种灰尘和各类污物仅使用清水（不加任何洗涤剂）冲洗，车体表面就可恢复和保持晶莹透亮，即使粘有油污或虫尸，只需用湿毛巾直接擦拭车体表面就可轻松去除，节省洗车用水量50%以上，同时具有超强的疏水自洁功能。

（5）抗静电　汽车镀晶的钻石晶体含抗静电剂，使漆面不易吸附粉尘，拒绝"交通膜"。

（6）更光亮　钻石晶体具有与钻石相类似的晶体结构，增加光的折射，使车体亮度更高，漆面晶莹绚丽，光亮度达95%以上（新车只有70%左右）。

（7）拨水强　钻石晶体的低表面能张力与水珠相斥，有超强的拨水性，不沾水。

（8）时效长　钻石晶体寿命长，性能持久稳定，可长达一年。

（9）超保值　钻石晶体先进的漆面保护技术，不仅可减少洗车、打蜡费用，并且使原车漆得到更好保护。

### 3. 漆面镀晶特点

镀晶的主要优点是固化成硬质膜块，抗外力性能比较强，在漆面抗划痕保护方面具有更大的优势。而在亮度、光滑度、漆面防氧化、老化方面以及施工难易程度方面，无机质镀膜更有优势，因为无机质镀膜膜层不分裂、不脱落，具有很强的耐磨性，能长期持久地提供对车漆的保护，让车漆不氧化。车主可根据自己情况自行选择适合的汽车美容产品。

### 4. 汽车漆面镀晶与镀膜的区别

1）镀晶和镀膜的成分是不一样的。镀晶主要成分是无机质，而镀膜的主要成分是有机质，目前只有少数质量好的产品才是无机质。

2）镀晶和镀膜的硬度不同。因为镀晶是晶体的材质，其硬度要高于镀膜。

3）镀晶和镀膜的亮度不同。镀晶的晶体在光线下的折射度更高，而镀膜的折射度远远不如镀晶。各种漆面美容工艺对比见表4-4-1。

4）镀晶的价格要高于镀膜。镀晶的价格在1500～4000元之间，镀膜的价格在1000～2000元之间。

5）镀晶的工艺相对于镀膜比较复杂，施工时间需要2天左右，而镀膜仅需要几个小时。

6）镀晶的持久度一般可以达到一年左右，而镀膜一般只能维持6个月。

表4-4-1　各种漆面美容工艺的对比

| 美容项目 | 车蜡 | 封釉 | 镀膜 | 镀晶 |
| --- | --- | --- | --- | --- |
| 持久度 | ☆ | ★ | ★★ | ★★★★ |

（续）

| 美容项目 | 车蜡 | 封釉 | 镀膜 | 镀晶 |
|---|---|---|---|---|
| 价值 | ☆ | ★ | ★★☆ | ★★★★ |
| 维护速度 | ★★★★ | ★★ | ★★ | ★★★ |
| 亮度 | ★★ | ★★★ | ★★★ | ★★★★ |
| 抗污染程度 | ☆ | ★ | ★★ | ★★★★ |
| 施工难易程度 | ★ | ★★ | ★★ | ★★★★★ |
| 综合评价及评星 | 保持时间短，容易造成二次污染 ☆ | 施工较繁琐，保持时间稍长 ★ | 施工繁琐，保持时间较长 ★★ | 施工工序复杂，专业化程度要求较高 ★★★☆ |

## 二、汽车漆面镀晶工艺

1）彻底清洗车辆。

2）全车贴防护胶条。

3）漆面抛光与还原处理。

4）镀晶工艺。

①漆面脱脂：将适量脱脂剂滴到脱脂海绵上，放在漆面上，以横竖交替的方式均匀涂开，每道涂布相应与上道涂布区域有至少 1/2 的重叠，如图 4-4-2 所示。

**注意**：平面脱脂采用先纵向、再横向的涂抹方式；立面脱脂采用先横向、再纵向的涂抹方式。

②漆面镀晶：漆面脱脂工序完成后无需擦拭，20min 后开始漆面镀晶操作。将适量镀晶液滴到专用镀晶海绵上，放到漆面上以横竖交替的方式均匀涂开，涂层要做到薄厚均匀，每道涂布相应与上道涂布区域要有至少 1/2 的重叠，如图 4-4-3 所示。

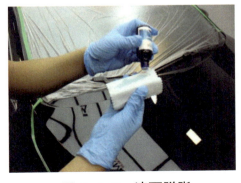

图 4-4-2 漆面脱脂

图 4-4-3 漆面镀晶

**注意：**平面镀晶采用先纵向、再横向的涂抹方式；立面镀晶采用先横向、再纵向的涂抹方式。

5）下晶清洁。下晶的顺序同漆面镀晶，要求将漆面完全擦亮，无任何痕迹残留，如图4-4-4所示。

①用超纤维专用擦膜毛巾擦去釉（膜）与车漆产生的结晶，方法为画小圈直线擦拭。

②去掉防护胶条和玻璃遮蔽纸，清理门边干燥的镀晶液。

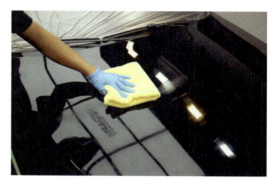

图4-4-4 下晶清洁

### 三、镀晶注意事项

1）镀晶后尽可能不要触碰漆面，避免影响最终的镀晶效果。

2）镀晶剂需经过24h才可完全与车漆面结合，形成最终的漆面晶体保护层。

3）镀晶后一周内不要冲洗车辆。

4）镀晶4~6个月后，可到美容店进行漆面镜化还原修复，使漆面的镀晶效果更佳，保持时间更持久。

## 学习任务五 漆面褪色、失光的美容护理

### 📝 知识和技能目标

1）了解常见车身漆面的类型。

2）了解车身漆面老化、失光的原因及判断方法。

3）掌握汽车漆面失光及严重失光的处理方法。

### 📝 过程与方法目标

1）灵活运用各种媒体资源查找漆面褪色、失光的美容护理的相关知识，提升获取信息和查找相关资料的能力。

2）提升自身制订工作计划、解决问题、优化决策的能力。

✎ **素养目标**

1）提升对汽车漆面褪色、失光处理作业的重视度和认同度。

2）体会个人专业、职业发展的重要意义，提高学习兴趣，养成良好的职业道德。

3）通过实践操作来培养自身良好的职业素养、工作态度和责任感。

车辆在使用过程中，由于长期受阳光中的紫外线照射，或使用劣质洗车液洗车，以及不规范的抛光养护等都有可能造成漆面老化失光，硬度和亮度下降，缩短车漆使用寿命，影响车体整体美观，因此必须对汽车漆面进行美容护理，以达到美观、保护的作用。

## 一、常见车身漆面的类型

### 1. 新车漆面

新车下线之前必须进行漆面保护。目前只有少部分汽车会在全车涂上保护蜡，这种车在出售后必须使用专业的开蜡水对车漆做开蜡处理后方能投入使用。大部分新车在下线后粘贴有保护膜，这类车无需开蜡，可以根据用户需要进行漆面清洗、打蜡护理或封釉护理。

### 2. 轻微损伤漆面

外界环境，例如紫外线、有害气体、酸雨、盐碱气候、制动盘与蹄片磨损产生的粉尘及马路粉尘等，都会使漆面形成氧化层，造成亚光或老化，这些轻微损伤通过专业的美容护理即可恢复汽车洁亮如新的效果。

### 3. 擦伤的漆面

损伤仅仅伤及外表，钣金未变形，漆面无刮花划痕。

以上三种类型都可以经过专业美容，如打蜡、研磨抛光来修复。如果划痕过长、过深且面积较大，则应修补漆面。因此抛光并不是万能的。

### 4. 划花漆面

划痕深入漆膜。

### 5. 碰伤漆面

应先修复钣金，再修补漆面。

### 6. 劣质老化的漆面

漆面经过日晒雨淋而严重老化，深色车漆发白、褪色，白色车漆泛黄，甚至有些车漆漆面龟裂，此时就必须进行重新涂装。

## 二、漆面老化、失光原因

### 1. 自然老化

如图 4-5-1 所示，汽车在日常使用中不可避免地要经受风沙尘土的吹打、雨雪泥水的冲击、路面沥青的飞溅以及树胶、鸟粪、油污等的污染，同时汽车漆面又长期与空气、酸雨以及紫外线等直接接触，而车身的涂料是有一定使用寿命的。时间长了漆面的油分消失，导致漆面亮度大大降低，使漆面慢慢发白。因此当使用到一定时间后，汽车漆面的自然老化是无法避免的，无论如何护理，车身漆膜的氧化、失光及粉化等缺陷总会出现。

暴晒　　鸟粪　　树胶　　酸雨　　冰霜　　沙尘

图 4-5-1　自然老化

### 2. 日常保养不当

（1）洗车不当　洗车时，选用的水、洗车液以及冲洗水压的高低，都是造成漆面失光的主要因素。如清洗车辆的水质不清洁，含有过高的酸、碱性物质，或洗车液为较强碱性液体，都会直接侵蚀车身漆面。此外，对漆面冲洗时水压过高，也会使车身漆面的罩光层受到冲刷而导致失光。因此，洗车时应使用清洁的水源和专业洗车液，冲洗车身的水压也不宜过高。

（2）擦车不当 因为车身表面浮尘中含有许多硬质颗粒，在擦拭时，易导致漆面出现划伤，正确的方法是先冲洗，再擦拭。

（3）日常护理不当 不重视日常护理，使车辆处于无护理状态运行，或日常护理的方法、时间和护理品选用不当，没有达到护理的目的。所以应根据汽车行驶环境及车蜡的种类及时给车身漆面上蜡保护。

（4）用车环境恶劣 汽车在烟尘严重的工地、工业污染严重的城市、盐雾严重的沿海地区行驶或停放，均会使车身漆面遭受腐蚀，造成漆面失光。因此，汽车应根据情况进行打蜡、底盘装甲（图4-5-2）等美容护理。

a）底盘装甲之前　　　　　　　　b）底盘装甲之后

**图4-5-2　底盘装甲**

### 3. 透镜效应

透镜效应是指当车漆表面上留有小水滴时，由于水滴呈扁平凸透镜状，在阳光的照射下，对日光有聚焦作用，焦点处的温度很高，从而导致漆面被灼伤，出现肉眼看不见的小孔洞，有些小孔洞深达金属层。若灼伤范围较大，分布密度较高，漆面就会出现程度严重的失光。因此，在日常护理中，要及时彻底地清除漆面上的水滴，防止透视效应，如图4-5-3所示。

**图4-5-3　漆面水滴**

## 三、漆面失光的判别

### 1. 自然老化导致的失光

若漆面无明显划痕，用放大镜观察漆面斑点较少，此类失光主要由氧化还原反应所致，属于自然老化失光。

### 2. 划痕导致的失光

若漆面上分布较多的微细划痕，而且伤及底漆层，特别是在强光照射下更明显，这类失光为漆表面划痕所致。

### 3. 透镜效应导致的失光

用放大镜仔细观察漆面，漆面上出现较多的斑点，这些斑点实际上是被灼伤的小孔洞，这类失光为透镜效应所致。

## 四、漆面失光的处理方法

车身漆面无明显划痕或较浅划痕未伤及面漆层，用放大镜观察漆面斑点较小，对于此类失光，可先进行清洗研磨，消除表面的失光，然后上蜡抛光，进行美容护理，即可恢复漆面光泽。此种处理方法属于漆面翻新美容。

漆面翻新美容是汽车车漆美容护理技术中非常重要的部分，翻新技术的好坏直接影响汽车美容护理的最终效果，因此熟练掌握翻新美容技术是从事汽车美容护理服务的基础。

### 1. 车身漆面翻新美容的作用原理

翻新美容处理是在抛光机上安装抛光盘，在漆面上涂上抛光剂，将抛光机转速控制在 1800~2200r/min，抛光盘配合专用抛光剂与车漆摩擦产生静电，摩擦的同时产生热量使漆膜变软，毛细孔变大。在这种情况下，静电将漆面毛孔内的脏物吸出，抛光盘又将漆面微观的氧化层磨去，并将细微的伤痕拉平填满；同时抛光剂的一些成分溶入漆面，发生还原反应，进而改善漆面缺陷的状况，使车身漆面清洁如新、光滑亮丽。

### 2. 车身漆面翻新美容施工工艺流程

（1）车身清洗　用脱蜡清洗液将车身漆面的粉尘、油污、泥沙及污垢等污物彻底清洗干净。

（2）漆面研磨

1）损伤评估：从车辆的不同角度观察车漆的亮度，通过感觉光线的柔和度、反映景物的清晰度等来判断漆面损伤情况。对于表面暗淡、轮廓模糊、有轻微划痕等情况，需进行研磨处理。

2）正确选择漆面研磨剂：研磨剂在分类上没有固定的定义，每个产品的标准都不同，混合使用不同品牌的产品时，很可能达不到满意的效果。因此，应尽量使用同一品牌的系列产品进行研磨处理。

3）研磨：首先用防护胶条把车身上所有与漆面相邻的金属件和橡胶件的边缘部分以及诸如车标、字母等都粘贴遮蔽，然后操作抛光机进行研磨。

（3）抛光　目测观察漆面，用手将一张塑料薄膜触及漆面，如感到发涩或有沙粒感，可以不必进行研磨处理，直接进行抛光处理。

（4）还原　当整车漆面处理完毕后，漆面会很平滑、光亮，但有时会有一些极其细小的划痕或光环，为了保持漆面的平滑和光亮，必须进行还原处理。

（5）漆面保护　漆面经过以上工序处理后已经变得光滑亮丽，但为了保护车漆，还必须进行其他作业，如打蜡、封釉、镀膜。

## 五、严重失光的处理方法

漆面粗糙失光，用放大镜仔细观察漆面，会发现漆面有较多的斑点，则说明漆面受侵蚀严重。此种情况不是护理性美容所能解决的，必须进行修复性美容操作，即要求进行重新喷涂施工。对局部失光的则进行局部涂装，若全车漆面都严重失光则必须进行全车涂装。

### 课程育人 4

党的十八大以来，习近平总书记站在中华民族永续发展的高度，亲自谋划、亲自部署、亲自推动建设人与自然和谐共生的美丽中国，大力推动生态文明理论创新、实践创新、制度创新，彰显了党的领袖念兹在兹的人民情怀、生态情怀、天下情怀。

大自然是人类赖以生存发展的基本条件。尊重自然、顺应自然、保护自然，是全面建设社会主义现代化国家的内在要求。学生在完成车身漆面美容与护理的同时，要深入学习贯彻习近平生态文明思想，时刻遵循绿水青山就是金山银山这一发展理念，处理好生产发展与环境保护之间的关系，努力建设人与自然和谐共生的美丽中国。

## 复 习 题

### 一、填空题（30分）

1. （　　　）、（　　　）与（　　　）是漆面美容护理的主要作业项目，它们可以有效去除较浅的划痕，恢复整车漆面光亮、平滑、艳丽。

2. 抛光之所以能产生光亮无瑕的漆面艺术效果，是与其艺术实质密不可分的，要达到上述目的，一般来说有三种途径：依靠（　　　）；依靠（　　　）；依靠（　　　）。

3. （　　　）的作用是恢复车漆表面的镜面效果，填充漆面孔，使车漆面的光泽更加靓丽滋润。

4. 研磨与抛光的设备主要是研磨/抛光机及与之配套的（　　　）和（　　　）。

5. 调速研磨/抛光机有高、中、低三种转速，1200r/min以下为低速，1600r/min左右为中速，（　　　）r/min左右为高速。

6. 汽车蜡的主要成分是（　　　）或硅酮类高分子化合物，并含有油脂和其他添加成分。

7. 汽车蜡按物理状态的不同可分为（　　　）、半固体蜡、液体蜡和喷雾蜡四种。

8. 打蜡有手工打蜡和（　　　）两种方式。

9. 所谓车漆封釉就是通过专用的封釉机（振抛机）将高分子釉振压到车漆内部，形成一种牢固的（　　　），从而达到保护车漆的目的。

10. 镀晶的主要优点是（　　　），所以相对抗外力性能比较强，在漆面抗划痕保护方面具有更大的优势。

### 二、单项选择题（30分）

1. 上蜡时要按（　　　）进行涂抹。

　　A. 直线方式　　　B. 斜线方式　　　C. 画圈方式　　　D. 交叉方式

2. 部分存有残余车蜡的车漆表面必须用（　　　）进行除蜡处理。

　　A. 开蜡水　　　B. 洗车泥　　　C. 洗车香波　　　D. 肥皂

3. 翻新美容处理是在抛光机上安装抛光盘，在漆面上涂上抛光剂，将抛光机转速控制在（　　　）。

    A. 1400~1800r/min        B. 1800~2200r/min

    C. 1400~2000r/min        D. 1500~2000r/min

4. 观察车漆，如果有（　　　）等情况，则需进行研磨处理。

    A. 表面暗淡     B. 轮廓模糊     C. 有轻微划痕     D. 以上都是

5. （　　　）是指因为车身表面浮尘中含有许多硬质颗粒，在擦拭时，易导致漆面出现划伤。

    A. 洗车不当             B. 擦车不当

    C. 日常护理不当        D. 用车环境恶劣

6. 抛光是紧随研磨的第（　　　）道工序，漆面研磨后必须抛光，用抛光机实施作业。

    A. 一         B. 二         C. 三         D. 四

7. 蜡膜尽量做到薄而均匀，每道涂布相应与上道涂布区域有（　　　）的重叠，防止漏涂。

    A. 1/2        B. 1/3        C. 1/4        D. 1/6

8. 由于粗切盘的研磨能力较强，故将粗切盘做成（　　　）以便识别。

    A. 黑色        B. 蓝色        C. 白色        D. 黄色

9. 车蜡的（　　　）作用是对来自不同方向的入射光产生有效反射，防止入射光线穿透透明漆，导致底色漆老化变色，延长漆面的使用寿命。

    A. 防水        B. 抗高温        C. 防紫外线        D. 防潮

10. 漆面打蜡时，涂抹的圆圈的大小以圆圈内无遗漏漆面为准，每圈盖住前一圈的（　　　），圆圈轨迹沿车身前后直线方向。

    A. 1/3        B. 1/2        C. 1/4        D. 1/5

11. 下列可以打蜡的汽车部位是（　　　）。

    A. 密封条        B. 镀铬件        C. 机盖        D. 玻璃

12. 封釉可以保持（　　　）年以上，同时避免了经常洗车的烦恼，汽车表面的灰尘可以轻松擦去。

    A. 一         B. 二        C. 三        D. 四

13. 汽车封釉后，会看到一些釉的痕迹，须告诉用户这是正常情况，（　　　）内不可擦洗漆面，因为在这段时间内，釉层还未完全凝结，将继续渗透，冲洗将会冲掉未凝结的釉。

  A. 2h    B. 4h    C. 6h    D. 8h

14. 一般建议室内车库停放，常在环境良好的道路上行驶的车辆，每
  （   ）个月打一次蜡。

  A. 1~2    B. 2~3    C. 3~4    D. 4~5

15. 磨光剂无法解决的漆面损伤是（   ）。

  A. 浅划痕   B. 轻微失光   C. 轻微氧化   D. 龟裂

## 三、判断题（20分）

1. 打完蜡后蜡垢可以不用擦除，这样才能得到完美的打蜡效果。 （  ）

2. 当漆面有难以去除的污渍时，可以用砂纸磨去。 （  ）

3. 为了保证打蜡的效果，打蜡前必须对车辆进行彻底清洗。 （  ）

4. 用固体车蜡配套使用的海绵蘸上车蜡，量不宜多，均匀地
  涂抹在车漆表面，不需要涂抹太厚，薄薄一层即可。 （  ）

5. 新车建议打蜡。一般出厂的新车表面不存在车蜡，建议车
  辆在新车期间对其进行保护。 （  ）

6. 使用传统抛光机抛光蜡进行手工抛光，费工费时但效果较好。 （  ）

7. 当汽车经常行驶在环境较差的道路时，应选用硅酮树脂类车蜡。 （  ）

8. 漆面抛光剂在抛光时能渗入漆面内补充漆面失去的油分。 （  ）

9. 抛光剂实质是一种含颗粒更细的摩擦材料的研磨剂。 （  ）

10. 抛光机使用时应将其在工作物表面放稳后再开机或关机。 （  ）

## 四、解析题（20分）

1. 简述车身漆面翻新美容的作用原理。

2. 漆面镀晶有哪些作用？

# 汽车贴护装饰

夏天车辆在路边停放后，车内温度会让人无法忍受。车内大部分热量是阳光通过未贴膜的玻璃直射进入车内的，而将车内空调持续开启会产生昂贵的燃油费用。在对汽车进行贴护装饰后，可以显著提升隔热效果，使车内实现降温。目前市场上的前风窗玻璃太阳隔热膜一般都可以阻隔超过 50% 的热量。另外，优质的车膜，在玻璃破碎的情况下，能牢牢地粘住玻璃碎片，使其不飞溅，避免对乘员造成二次伤害。其次，它还能起到防盗、防紫外线、防眩目、提高私密性等作用。

## 学习任务一　汽车车窗膜

### 📝 知识和技能目标

1）了解玻璃膜的概念、功能、发展历程与品牌文化等知识。

2）掌握汽车玻璃膜贴装的常用工具与设备。

3）掌握汽车侧窗玻璃膜贴装工艺。

### 📝 过程与方法目标

1）灵活运用各种媒体资源查找玻璃膜贴装的相关知识，提升获取信息和查找相关资料的能力。

2）提升自身制订工作计划、解决问题、优化决策的能力。

### 📝 素养目标

1）提升对汽车侧窗玻璃膜贴装作业的认同度和重视度。

2）体会个人专业、职业发展的重要意义，提高学习兴趣，养成良好的职业道德。

3）通过实践操作来培养自身良好的职业素养、工作态度和责任感。

## 一、汽车玻璃膜（太阳膜）的概念

在汽车玻璃表面粘贴的膜俗称太阳膜。顾名思义，汽车贴膜就是为了对付夏季火辣灼热的阳光以及紫外光。紫外线对人体的危害较大，包括引起白内障、皮肤癌，并且造成皮肤晒伤、老化；对汽车的影响包括皮椅、内装褪色。红外线使车室温度上升，塑胶材质乳化，让人感到不适，冷气负荷也随之变大。想要隔绝紫外线及红外线，最好的办法就是贴隔热膜。高档汽车隔热防爆膜对红外线的阻隔率可达到88%，对紫外线的阻隔率可达到99%以上，赶走热气，使车主在烈日当空下也能舒适开车。图5-1-1所示为汽车玻璃膜结构。

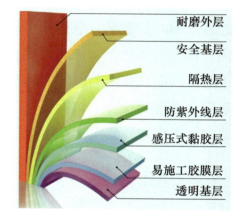

耐磨外层
安全基层
隔热层
防紫外线层
感压式黏胶层
易施工胶膜层
透明基层

图5-1-1　汽车玻璃膜结构

## 二、汽车玻璃膜的发展历程

### 1. 第一代：传统染色膜

染色膜俗称茶纸。第一代汽车贴膜无金属镀层，它的制作工艺是直接将颜色染于胶层或膜面。起到的作用是隔光、隐蔽，但不隔热，而且对红外线、紫外线没有阻隔能力。胶层与膜面易老化、脱落、掉色，无防爆性能，目前市面上已经很少见到，且染色剂会散发出难闻气味，危害健康。

### 2. 第二代：金属反光薄膜

这类贴膜使用喷涂工艺喷涂普通单层金属，通过反射可见光达到隔热，市面上许多价格低廉的隔热膜就属于单层金属反光膜。它在高透光时不隔热，隔热时又会影响透光，其高反射性会造成镜面外观，产生光污染，并且容易氧化。

### 3. 第三代：吸热型薄膜

这类贴膜在蒸发工艺下，加入红外线吸收剂制成，短时间内可产生看似优异的隔热效果，而吸热膜在吸收达到饱和之后，会产生二次辐射，随贴膜年限的增加，隔热性能递减。施工中因膜吸热高或者施工后在阳光下暴晒，都可能引起玻璃破裂或者自爆。另外，红外线吸收剂会散发有害物质，对健康有害。

### 4. 第四代：智能光谱选择薄膜

这种汽车贴膜使用磁控溅射工艺生产，具有智能光谱选择性能。它可以在保证隔热性能优异的同时最大限度允许可见光透过，由贵金属（银、氧化铟、金等）多涂层溅射而成，反射而非吸收热量，给驾乘人员带来清凉的世界和清晰的视野。

## 三、汽车玻璃膜的种类、基本结构与性能指标

### 1. 车窗膜的种类

1）防晒车窗膜和防爆隔热膜。防晒车窗膜是一种染色膜，不含金属成分，只能降低透光度，保持车内空间的隐蔽性，后期使用会逐渐褪色。这种膜不仅隔热效果差，对视线影响也大。防晒车窗膜可以理解为是一种"半反光纸"，其隔热率为40%~50%，使用一两年后表面会产生氧化反应而发生变质。防爆隔热膜具有耐磨、半反光和防爆功能，隔热率可达85%以上。

2）车窗膜按颜色可分为自然色、黑色、茶色、天蓝色、金墨色、浅绿色和变色等品种。

3）车窗膜按产地可分为进口车窗膜和国产车窗膜。

### 2. 车窗膜的基本结构

不同的车窗膜结构差异较大，即使同为防爆隔热膜其结构也不尽相同。如3M汽车防爆隔热膜主要由透明基材、易施工胶膜层、感应式黏胶层、隔热膜层、安全基层及耐磨外层组成。龙膜防爆隔热膜主要由保护膜、防粘层、安装胶、紫外线吸收剂、深层染色聚酯膜、合成胶、金属层、防划伤层等组成。

还有一种高科技车窗膜称为纳米太空膜，这种车窗膜可对光线进行选择性吸收。它对紫外线的阻隔率接近100%，对红外线的透过率为20%，而对可见光的透过率则达80%以上。纳米太空膜与众多防爆膜采用的金属反射的原理不同。这种膜通过金属对光的反射与散射，达到隔热防晒的目的，因此这种金属膜具有单面透光性。由于纳米材料是有选择性地透过可见光，同时能反射紫外线、红外线等对人体有害的光线，所以可以形象地将纳米太空膜比喻成"筛子"。另外由于材料不同，纳米太空膜不易发生金属膜那样的褪色现象。

### 3. 车窗膜的性能指标

（1）清晰性能　这是汽车车窗膜最重要的性能，因为清晰性能直接关系到人身安全。无论车窗膜的颜色多深，在夜间倒车时，都应该视野清晰而绝不模糊，从后视镜和后风窗玻璃能看到 60m 以外的物体。而劣质膜拿起来看时，会有雾蒙蒙的感觉。

（2）隔热率　隔热率是体现车窗膜隔热性能的重要指标。目前优质的防爆膜隔热率在 50% 以上（最高可达 70% 以上），高透光可提高舒适性，降低空调负荷，节省燃油。图 5-1-2 所示为有无隔热膜对比。

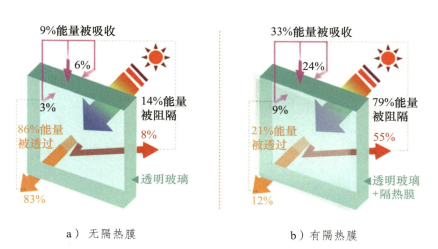

图 5-1-2　有无隔热膜对比

（3）防爆性能　防爆是指在汽车发生意外事故时，不会产生玻璃的飞溅而造成人身伤害。这也是汽车车窗膜的一个重要性能。当车窗膜满足防爆要求时，应是越薄越好。膜片越薄，清晰度越高。

（4）紫外线隔断率　对于防爆车窗膜而言，紫外线的隔断率必须达到 80% 以上。优质的车窗膜能有效防止驾乘人员被过量的紫外线照射，造成皮肤灼伤，同时还能保护车内音响及其他装饰部件不被照射，避免晒坏、褪色、老化等，而劣质的膜一般没有这个功能，且紫外线隔断性能很低。

（5）颜色　防爆车窗膜通常采用本体渗染和溅射金属着色的方法使膜有颜色，纯溅射金属车窗膜有金属色的称为自然色。采用这两种方法着色的车窗膜是不易褪色的，尤其是自然色的车窗膜。但市场上很多低档劣质车窗膜，大多采用黏胶着色法来着色。这种车窗膜不耐晒，而且很容易褪色，严重的会变成无色透明。

（6）胶与颗粒泡　胶当然是越薄越好，因为胶会老化，胶层越厚老化越快，会影响车窗膜的使用寿命，更重要的是会影响膜的清晰性能，所以高质量膜的胶层都极薄。

颗粒泡是由于空气中飘浮的尘埃产生的，这在贴膜过程中是不可避免的。胶层厚了，贴膜时将尘埃压进胶里，所以颗粒泡并不明显。高质量车窗膜的胶层很薄，颗粒泡就比较明显，这也是区分车窗膜好坏的一个重要方法。

（7）防眩目　防眩目是指在面对阳光开车或夜间会车时，可消除刺眼的感觉。对于汽车车窗膜来说，该性能也很重要。

（8）磨面防划伤层（耐磨保护层）　优质高档的车窗膜表面都有一层防划伤层，在正常使用下能保护车窗膜面不易划伤。而低档车窗膜则无此保护层，在贴膜时会被工具刮出一道道划痕，令车窗膜面不清晰。某品牌汽车防爆隔热膜性能介绍见表 5-1-1。

表 5-1-1　某品牌汽车防爆隔热膜性能介绍

| 特点 | 优点 | 益处 |
|---|---|---|
| 专用的抗撕裂、抗穿透聚酯薄膜 | 是玻璃的安全屏障，使玻璃更坚韧，更具抗穿透性，强度超过标准薄膜 | 可减少破碎玻璃的伤害，有助于人身和财产安全 |
| 强力、清澈的黏胶 | 如玻璃破碎可将玻璃碎片粘在一起，粘接持久，经久耐用 | 可减少碎玻璃的伤害，有助于人身和财产安全，拥有持久的透明度及保护性能 |
| 坚固的丙烯酸耐磨涂层 | 耐擦洗 | 久用如新 |
| 独特的易施工黏胶层 | 易清洁 | 可保持车窗良好的透明度和视觉性 |
| 隔断紫外线层 | 可阻挡紫外线，使薄膜不受紫外线破坏 | 大大减少车内物品、装潢褪色，薄膜经久耐用，常保清澈透明 |
| 超薄金属层 | 可隔断太阳热，能隔断炫光 | 可大大减少车内物品、装潢褪色，降低能耗（省钱） |

## 四、目前市场玻璃膜品牌

### 1. 量子膜（QUANTUM）

量子汽车玻璃膜如图 5-1-3 所示，是享誉全球的顶尖窗膜品牌。其凭借卓越的综合性能和服务理念，为各类客户提供独特服务，获得广大消费者的高度认可。自进入中国市场以来，

图 5-1-3　量子汽车玻璃膜

量子膜凭借完善的综合服务能力、迅捷的客户反馈机制、全方位的培训和技术支持体系，以及不断创新的市场营销方案，已经在全国范围内发展了多家授权店。为提升渠道服务质量，自 2008 年起，量子膜率先在行业内发展高端服务商——钻石店 / 至尊店，不仅迅速提升了店面形象和服务质量，更为行业发展树立了全新的标准流程，成为高端服务的新标杆。

量子膜已经与上汽集团、一汽集团、北汽集团等整车集团合作，同时，也已经与大部分中国汽车经销商集团建立了长期战略合作关系。

### 2．3M

3M 公司是世界著名的产品多元化跨国企业，产品已深入人们的生活，应用于从家庭用品到医疗用品，从运输、建筑到商业、教育和电子、通信等各个领域。借助集团公司所积累的家喻户晓的品牌知名度，3M 汽车玻璃膜知名度很高，如图 5-1-4 所示。3M 汽车玻璃膜面向全球市场，主要是用于平板玻璃。3M 汽车玻璃膜属于吸热型的薄膜，经典型号是晶锐系列，短时间隔热效果好。

图 5-1-4　3M 汽车玻璃膜

### 3．康得新（KDX）

上海康得新晨诺光学材料有限公司注册于 2020 年，隶属于康得新复合材料股份有限公司，是张家港康得新光电产业群的窗膜事业部成员，旗下拥有 KDX 玻璃膜、北极光等多个品牌。公司主要致力于康得新光学膜产业的全球化业务发展和运营管理。2014 年，投资 45 亿元，建筑面积 22 万 $m^2$、年产 2 亿 $m^2$ 的张家港康得新光学膜产业集群实现全面投产，这使康得新成为国内较早全系列、规模化、技术先进的全产业链光学膜企业。凭借着雄厚的资金与资源优势，康得新旗下 KDX 玻璃膜也成为国际窗膜协会制造商核心会员之一。

KDX 玻璃膜（图 5-1-5）是采用宇航科技磁控溅射技术生产出的高性能光学膜产品，其高隔热、高透光、防爆安全的优异性能使

图 5-1-5　KDX 汽车玻璃膜

得康得新在全球行业领域中极具竞争力。KDX 凭借强大的研发能力于 2016 年陆续推出了以美肤膜为代表的智能汽车膜，和车身保护膜几大系列产品。同时随着家居装饰膜的上市，康得新窗膜已经成为全方位发展的汽车、生活家居类窗膜整合服务商。

### 4. 雷朋

雷朋玻璃膜如图 5-1-6 所示，是全球玻璃膜关键制造企业之一，是最早开始将专业性的高端隔热膜引入中国市场的品牌之一，无论是产品品质、市场占有率或者品牌形象，均处在市场领先水平，生产制造的高档隔热膜具备高耐火性、高透视率、私密、高防护力等特点。

图 5-1-6　雷朋汽车玻璃膜

### 5. 龙膜（LLumar）

龙膜汽车防爆膜如图 5-1-7 所示，是美国首诺科特（CPFilms）公司在全球推广其玻璃功能膜所用的统一商标，它直接贴在玻璃表面，可把普通玻璃变成高性能玻璃。龙膜汽车防爆膜是由聚酯和金属涂层通过黏胶合成的一种很薄的膜。此膜安装在玻璃的表面可以提供显著的阳光保护性能，能阻挡太阳热量、99% 有害紫外线及耀眼的、不适的眩目强光。龙膜汽车防爆膜能适应季节的变化，夏季能反射炽热太阳光的热量，而冬季其特有的低辐射率膜可以再辐射热量，让驾乘人员全年都会感到舒适。龙膜汽车防爆膜的结构非常坚固，具有行业中最好的防划伤功能，并具有最好的保证体系。

图 5-1-7　龙膜汽车防爆膜

### 6. 强生（Johnson）

美国强生公司是世界贴膜协会的倡导者和重要成员，自 20 世纪 50 年代开始，就致力于发展超安全、超设计的汽车防爆膜，每年的产量以 50% 的惊人速度增长，其汽车防爆膜的品质一直处于世界领先地位。强生玻璃贴膜自 1997 年正式进入我国以来，就以其非凡的品质迅速赢得了广泛的用户，树立了世界名牌的形象。强生汽车玻璃膜（图 5-1-8）已成为汽车的最佳伴侣，是安全、舒适和漂亮的代名词。

## 五、汽车玻璃贴膜的作用

汽车玻璃洁净明亮，透光性好，能保证驾驶人有良好的视野，保证行车安全，但是太阳光中的有害射线也会照射进来。红外线热能高，会提高驾驶室的温度，增加空调的使用频率。

图 5-1-8　强生汽车玻璃膜

紫外线具有破坏性，皮肤长期受紫外线侵害，会加速老化，严重时可引发皮肤癌和眼部疾病。同时，紫外线还能灼伤汽车内饰，使一些皮件老化。另外，很多车辆采用窗帘来挡光和保护隐私，但这严重影响视线（图 5-1-9）。给汽车玻璃粘贴上汽车玻璃膜，所有的问题就迎刃而解了。

如图 5-1-10 所示，车窗贴膜是指在车窗的内侧贴上一层聚酯膜，以达到预期的目的。贴膜之所以如此流行，是由于它并不是可有可无的，而是有着切切实实的作用。图 5-1-11 所示为车窗玻璃膜的作用。

图 5-1-9　影响视线的汽车窗帘

图 5-1-10　车窗贴膜后的效果

### 1. 时尚美观

不同汽车车身的颜色各不相同，但汽车玻璃的颜色却千篇一律。要想改变玻璃的颜色使其与车身颜色搭配一致，贴膜是最好的选择。这样不仅能使车身更美观，而且能体现出车主与众不同的品位。

### 2. 阻隔热量

夏天，汽车 1/3 的燃油用于空调制冷，而粘贴了隔热车窗膜的汽车则可以把这部分油耗降低30%左右。这是由于隔热车窗膜能够很好地阻隔太阳光中的红外线（红外线是太阳光中热量主要的分布区域），从而很好地阻隔热量，营造舒适的车内环境。

**隔热**
避免太阳辐射引起的过热，令驾乘更舒适、更节油

**防紫外线**
隔绝99%的紫外线辐射，保护肌肤不受伤害

**隐私性**
保护隐私，让爱车成为个人隐私生活的无限延伸

**安全性**
有效避免意外事故引发玻璃飞溅而造成人身伤害

**防眩目**
减少太阳光刺眼引发的眩光，减轻驾驶疲劳，令驾驶更安全

**保护车辆内饰**
防止真皮内饰和实木仪表台龟裂褪色，让爱车内饰亮泽如新

图 5-1-11 车窗玻璃膜的作用

### 3. 阻隔紫外线（UV）

过多暴露在紫外线下对人体的健康是非常有害的。紫外线几乎无处不在，对于很多车主来说，给车窗贴上能阻隔紫外线的窗膜，就能够有效地保护驾乘人员不受紫外线的伤害，同时也能够避免车内橡胶件、塑料件等因紫外线的照射而老化。一般来说，车窗膜能够隔绝98%以上对人体有害的紫外线，大部分正规厂家生产的车窗膜均具有此特点。

### 4. 防止玻璃飞溅

20纪中期以前，在发生的汽车伤亡事故中，由于破碎的车窗玻璃发生飞溅而造成的人员伤亡是一个重要因素，如何对其进行防范成了汽车安全的一大难题。现在，如果汽车贴了防爆膜，当发生事故导致车窗玻璃破碎时，强力的车窗膜和黏胶剂能够牢牢粘住破碎的玻璃，防止其飞溅，起到保护人身安全的作用，如图5-1-12所示。

图 5-1-12　贴防爆膜的玻璃发生破碎

### 5. 保护隐私

在不影响车内视线的前提下，车窗膜能够很好地阻挡车外的视线，这是由车窗膜的单向透视性决定的。这一特性大大提高了隐私性，不仅对于个性含蓄的车主有必要，对于大多数货车车主也有着很实际的作用。

### 6. 防眩目

车窗膜能够使后面其他车发出的刺眼灯光变得柔和。这样，在夜间行车时，就可以避免由于后视镜反射后车前照灯灯光造成的眩目，从而提高夜间行车的安全。

## 六、车窗玻璃膜品牌与质量的鉴别

### 1. 通过感觉来判断

（1）看

1）看透光率。优质车窗膜的透光率高达 80 % 以上，而且无论颜色深浅，都非常均匀，向车窗膜的保护层一侧看过去清晰度极高，不会影响正常的视线。选择透光率在 85% 以上的车窗膜（尤其是前排两侧窗的膜）较为适宜，而且应能降低其他车辆前照灯光线的眩目程度。一般来说，贴膜后从后视镜需能看清楚后面 60m 的情况。

2）看颜色。防爆隔热膜是一种高科技产品，它采用金属溅射工艺，将镍、银、钛等金属涂于高张力的天然胶膜上，无论在贴膜过程中还是在日后的使用过程中都不会出现掉色、褪色现象。防爆隔热膜的颜色多种多样，再加上自然柔和的金属光泽，令防爆隔热膜可以搭配各种颜色和款式的汽车。普通膜和防晒车窗膜是将颜色直接融合在胶膜中，撕掉上层塑料纸后，用力刮粘贴面，会有颜色脱落现象，这种膜使用一两年就会褪色。选择与车身搭配合适的膜也需要看车辆的用途，如果车辆不是主要用于载货，应尽量选择浅色的膜，如绿色、天蓝色、灰色、棕色等，无论从车外还是从车内，看起来都会很舒服。

3) 看气泡。撕开车窗膜的塑料内衬后再重新合上，劣质车窗膜会起泡，而优质车窗膜完好如初，经久耐用，不易变色。

（2）摸　劣质车窗膜手感软而脆，很容易发生褶皱；防爆膜一般比较厚且硬，主要是因为膜中有数层纵横交错的聚酯膜层；隔热车窗膜则相对较薄且柔软，表面手感平滑。

（3）闻　劣质车窗膜选用质量比较差的材料，做工粗糙，在撕开保护层之后会有很难闻的胶臭味。这股胶臭味在贴膜后仍然存在，会长期影响车厢内的气味。

（4）试　车窗膜的一大作用是隔热。最简单的测试方法是直接体验。很多贴膜专业店会有隔热试验架。架上的玻璃已经贴有车窗膜，当旁边的数盏 500W 的太阳灯打开时，就能很清楚地用手感觉到有膜和无膜，以及不同车窗膜之间的隔热效果区别。另外，把车窗膜保护层撕开之后在粗糙的地面上来回刮几下，好膜能够不褪色，差的膜会失去原有的颜色。

### 2. 通过膜的质量认定书来鉴别

很多知名品牌的膜都有质量认定书，只要选用了该品牌的膜，在施工后就会得到质量保证和维修承诺。而冒牌产品、水货、串货都没有正规的质量认定书。

例如，3M 公司授权施工中心，向能出具质量认定书的车主提供原厂 5 年品质保证。车主在贴膜后把申请卡寄回 3M 公司，3M 公司在收到申请卡后，即直接向车主寄送 5 年品质保证书。其他的知名品牌也有类似的质量保证。

另外，车窗膜的质量要由质量认定机构来认定。比较有名的质量认定机构有 ISO 国际品质认证、中华人民共和国交通安全产品检测、日本 JIS 品质认证、美国隔热协会 IWFA 技术认证等。

### 七、常用车窗膜贴装的设备与工具

常用车窗膜贴装的设备与工具见表 5-1-2。

表 5-1-2  常用车窗膜贴装的设备与工具

| 裁膜台 | 宽度以 155cm 左右为宜，可将一卷标准玻璃膜（152cm）放下，长度约 1m，高度约 80cm，台面玻璃需使用钢化玻璃 |  |
|---|---|---|
| 清洁刮板 | 清洁玻璃内表面，一般为塑料材质，需要具有一定的硬度 | |
| 软刮板 | 在清洁玻璃后，使用软刮板彻底去除表面水渍，并可检验玻璃清洁质量 | |
| 挤水刮板 | 用于去除膜与玻璃之间的水分、气泡 | |
| 烤枪 | 用于膜片在玻璃外表面的烘烤定型 | |

## 八、汽车侧窗膜贴装工艺

### 1. 准备工作

（1）工位准备  车辆进入工位之前，需将卫生清理干净，清除障碍物，预先准备好相关的工具、材料等。培养良好的工作习惯，充分做好工作前准备，有利于安全操作和提高工作效率，如图 5-1-13 所示。

（2）工具准备　将汽车侧窗贴膜所需的工具准备到位，放置于车顶，如图 5-1-14 所示。

图 5-1-13　工位准备

图 5-1-14　工具准备

### 2. 防护工作

（1）门板防护　门板上贴附上遮蔽膜，避免施工水气过多导致玻璃升降功能失灵及门板音响短路现象，避免操作时工具刮花、烫伤、破坏内装门板，如图 5-1-15 所示。

（2）玻璃内部防护　检查窗框密封条是胶边还是绒毛条，如果是绒毛条，需使用透明胶或纸胶带封好，如图 5-1-16 所示。

图 5-1-15　门板防护

图 5-1-16　玻璃内部防护

### 3. 打样板

先喷水在玻璃外表面上，然后把塑料纸放在玻璃上，用美工刀沿着侧窗四周裁下。打样板时一定要精准，同时注意使用美工刀时千万不可划伤玻璃，如图 5-1-17 所示。

### 4. 膜片粗裁

侧窗膜的裁切采用竖裁的方法。将打好的样板铺在膜上，借助钢直尺进行膜片粗裁。根据侧窗边缝的间隙大小，粗裁时一般在顶部预留 3~5cm，两边各预留 1mm 或者一边对齐另外一边预留 2mm，如图 5-1-18 所示。

图 5-1-17　打样板

图 5-1-18　膜片粗裁

### 5. 玻璃外表面清洗

一般新车玻璃表面比较干净，使用软刮板把水分刮干净即可；对于行驶过的车辆，如遇到粘附较牢的污垢可用美工刀清除，其他部位的顽固污渍，可以使用洗车泥清洗，然后使用软刮板把水分刮净。

### 6. 烘烤定型

在玻璃外表面喷少量的安装液，把膜片平铺在玻璃上，此时膜的底边要与玻璃下边缘留有 1~2cm 的距离，膜的侧边与玻璃侧边框平行放置，如图 5-1-19 所示。在简单定位之后，把膜的两边与上部绷紧，此时会发现膜的底部出现一个弧形气泡，造成膜不能与玻璃完全贴合。

烤膜一般使用内灌风法。烤枪到玻璃的距离应由远及近，至 5cm 左右时将烤枪出风口对准起泡口开始灌风处理。将泡口吹大，此时稍稍移近烤枪，当烤至底边与玻璃相贴合时，开始往泡的上方继续烤，最后用手抚平或者用刮板刮平即可，如图 5-1-20 所示。

### 7. 膜片精裁

再次在玻璃外表面喷洒安装液，把膜平铺并对齐，覆膜在外。注意首先对齐底边，底边要与底边框平行，并把膜平行下移 1~2mm；其次固定好两边，两边与边框相平行，此时两边刚好各多出 1mm，如图 5-1-21 所示。底边、两边对齐后，用中刮板在膜的中间位置刮一道把膜固定。然后起动车辆，一手拿起膜的底部，另一只手操作门窗升降开关，将玻璃下降 2cm 左右停止，然后在玻璃外表面用美工刀沿着玻璃的上沿把顶部多余的膜裁下；最后把精裁下的膜上沿的两个圆角修好。精裁时尽量不要在车窗上裁，防止划伤玻璃，如图 5-1-22 所示。

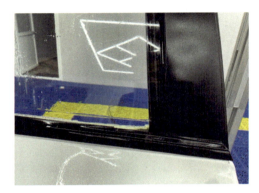

图 5-1-19 将膜铺在玻璃上

图 5-1-20 烘烤定型

图 5-1-21 再次将膜固定在玻璃上

图 5-1-22 膜片精裁

精裁完毕之后，升起玻璃，同时把膜放置好。一般，前侧窗的膜放在后窗及后门上，后侧窗的膜放在其后的翼子板上。注意：膜片应采用倒放，并需喷水进行简单固定。

### 8. 玻璃内表面清洗

（1）中刮板刮洗　清洗玻璃内表面时，首先往玻璃内表面喷洒安装液，使用中刮板按照从上到下的顺序刮洗一遍。注意：侧边与底边也要刮洗到位，如图 5-1-23 所示。

（2）软刮板刮水　用软刮板刮净水分，再用小三角刮板收边。软刮板刮水的目的是检验玻璃是否清洗干净，如图5-1-24所示。确认玻璃清洗干净之后，再次喷洒安装液为下一步骤的上膜做好准备。

图 5-1-23　中刮板刮水　　　　　　　图 5-1-24　软刮板刮水

### 9. 膜片张贴

（1）人工降尘、揭膜　把喷壶的喷嘴位置调至雾状，在车门的上方以及要撕膜、上膜的上方喷洒安装液；洗干净两手，整个揭膜动作要快，揭至距离膜的底部1/5处停止，在已揭下的膜面上喷洒安装液，去除静电以防止吸上灰尘，如图5-1-25所示。

（2）上膜定位　两手拿膜的两侧，将膜往侧窗上对位，先对好一边，再对另一边。**注意：用眼睛观察两侧不能有漏光，膜的顶部要与玻璃上边缘平行且留有1~2mm的距离。**对好位之后往膜面上喷少量的安装液，用手指按住膜面，用挤水刮板挤水定位（粗赶水）。用小刮板把膜两侧的两个上角固定，保证膜片不发生移位，如图5-1-26所示。

图 5-1-25　揭膜　　　　　　　　　　图 5-1-26　上膜定位

提起膜，升起玻璃，撕下保护膜，如对玻璃是否清洗干净没有把握，可用小刮板刮洗一遍再用软刮板刮净水分，再与铁刮板配合，把膜的下端全部塞进密封条内。这个过程动作应缓慢柔和，小心不要将膜折损。

（3）水分挤压　再次往膜面上喷少量的安装液，用专业挤水刮板把膜与玻璃之间的水分挤干。注意挤水的力度要均匀，可用腿抵住门板，如图 5-1-27 所示。对挤水刮板挤不到的边缘位置，用小刮板收边，分别把两侧及底边的水挤干，如图 5-1-28 所示。

图 5-1-27　挤压膜面水分

图 5-1-28　挤压两侧水分

## 10. 局部修整

挤水操作结束，如发现膜的边部和底部仍留有气泡，可用烤枪在气泡所在位置的玻璃外部加热，配合刮板将气泡刮平，如图 5-1-29 所示。

## 11. 撤掉防护

撕下门板上的遮蔽保护膜和玻璃边缝的透明胶带，用毛巾把门板上的水渍擦拭干净，如图 5-1-30 所示。

图 5-1-29　局部修整

图 5-1-30　撤掉防护

## 学习任务二 汽车车身改色膜

### ✏️ 知识和技能目标

1）了解改色膜的分类、特点及发展史等相关知识。

2）掌握汽车改色膜贴装的常见工具与设备。

3）掌握汽车门板改色膜贴装工艺。

### ✏️ 过程与方法目标

1）灵活运用各种媒体资源查找汽车改色膜贴装的相关知识，提升获取信息和查找相关资料的能力。

2）提升自身制订工作计划、解决问题、优化决策的能力。

### ✏️ 素养目标

1）提升对汽车门板改色膜贴装作业的兴趣和认同度。

2）体会个人专业、职业发展的重要意义，提高学习兴趣，养成良好的职业道德。

3）通过实践操作来培养自身良好的职业素养、工作态度和责任感。

## 一、改色膜的发展史

汽车改色贴膜（图 5-2-1）实际上在欧洲市场有着悠久的历史。车贴于1887 年 4 月 20 日在巴黎举办的一场赛车比赛中首次亮相，赛车的侧门必须贴明参赛编号以便识别，这是最早的车贴形式。通过汽车及摩托车赛事推广，大量的赞助商涌入赛车行业，赛车车身开始出现了赞助商的广告性质品牌车贴，这种车贴称为改装车贴和标志贴，可以说车贴最早大范围流行就是起源于赛车运动。随着欧美和日本的汽车业兴起和普及，购车人群逐渐年轻化和家庭化，由于年轻人的性格特征及受赛车风格的影响，车贴大行其道，逐渐风靡全世界。在车身上贴字、贴广告图片是当时绝大部分车主选择改变爱车外观的重要方式，而通过将整车包覆贴膜后使车辆呈现喷漆效果的方式在当时是没有人能够预见的。近几年来，随着我国汽车市场的高速发展，以及车主的年轻化，汽车改色贴膜受到众多车主的关注。

图 5-2-1  汽车改色膜

## 二、改色膜的分类

改色膜市场上最常用的材料是聚氯乙烯（PVC），一般可分为如下几类。

### 1. 根据生产工艺不同分类

（1）铸造级  原料为液态有机物，其中包含 PVC 树脂及增塑剂、耐 UV 添加剂、热稳定剂、溶剂等添加剂。加热后固化，溶剂蒸发后形成一体的固态膜。

（2）压延级  将软化的树脂、添加物等混合物，通过不同滚轮的挤出、碾压，使软化的树脂由厚到薄，直到最终成膜。通过改变胶表面的结构，可以改良其施工性能。

### 2. 根据背胶结构的不同分类

（1）压敏背胶  胶表面平滑，有很高的初始黏性，会迅速与基材表面粘合。此材质一般用于小尺寸贴膜或者使用湿贴方式。

（2）压力激活背胶  胶表面有微小的玻璃微珠，起到阻隔胶与基材接合的作用。施压后，玻璃微珠被挤压到胶层内部，胶与基材直接接合，产生粘合作用，可使用干贴方式施工。

（3）导气槽背胶  胶的表面有细小的通路，使膜与基材间残留的空气可以方便地逸出，便于使用干贴方式施工。

### 3. 按照改色膜特点分类

改色膜有亚光膜、亮光膜、珠光膜、金属亮光膜、亚光金属膜、拉丝金属膜、汽车电镀膜、碳纤维膜、变色龙膜、透明膜等。

## 三、改色膜的特点

### 1. 轻薄强韧

柔韧性、延展性强（加热后任意拉伸；恢复常温后定型不收缩），可在较小弧面上表现出理想的曲折性，贴合力更持久。

### 2. 经久耐用

极好的环境适应性，不发黄，使用寿命达 4 年。

### 3. 持久晶莹

独有增光涂层，增光增透，持久自然，与原车融为一体，完全展现车漆质感。

### 4. 隔绝腐蚀

可抵御大部分石油、油脂、燃料、脂肪溶剂、弱酸、弱碱、弱盐，完全隔绝酸雨、沙砾、鸟粪、油脂等持续损伤。

### 5. 耐磨耐划

超强韧性，恢复力提高 10 倍以上，自动弥合细小划痕，极好抵御一般性划伤、碰擦及磨损。

### 6. 卓越滤光

折射、过滤有害光线，阻隔强光、UV 对车漆造成的损害，保护原厂漆的光泽度和耐用性。

### 7. 隔热阻燃

适应温差 −40~+90℃，具备良好的隔热及惰性导温功效，阻火阻燃。

### 8. 整膜贴覆

无需拼接，无接缝，无痕迹，保证车面完整性。

### 9. 强力贴合

无褶皱，无气泡，不开裂，不起翘。

### 10. 养护便捷

减少洗车打蜡工时及费用。

### 11. 不留残胶

轻松一贴，轻易揭除，不伤漆面，不留残余。

### 12. 超级环保

不对漆面、人体及自然环境产生任何污染。

## 四、改色膜贴装的常用设备与工具

以车门改色膜贴装为例。

（1）设备　多功能车门实训台。

（2）工具　定位器、烤枪、钢直尺、裁膜刀、排气笔、剪刀、硬刮板、软刮板、塞边刮板、小刮板、美工刀、无纺布等，如图5-2-2所示。

图5-2-2　改色膜贴装的常用设备与工具

## 五、汽车门板改色膜贴装工艺

### 1. 车门表面清洁

首先使用洗车泥配合相应美容产品清洁漆面，必要时使用抛光机对车门进行抛光处理，如图5-2-3所示。

### 2. 测量裁膜

测量时选取长宽最大处（为了减少浪费和充分利用材料，可在裁剪前对车门进行打版）。根据实际测量尺寸在裁膜台上裁取合适的长度和宽度，并单边延伸30~50cm，用来进行拉伸（裁膜尺寸大小与车门尺寸完全吻合的情况下，无法进行拉伸及包边包角）；将裁剪好的膜平铺于车门表面，上下左右调整位置并用固定器固定，查看所裁膜是否可以完全覆盖车门并且可以实现包边包角，如图5-2-4所示。**注意：车身改色膜施工必须包边包角，不能露出原车颜色。**

图 5-2-3　车门表面清洁

图 5-2-4 测量裁膜

### 3. 揭膜、覆膜

揭膜需两人配合将膜两端撑平，揭膜时从上往下，使膜面自然下垂，保持改色膜不动，顺势将底纸全部去除。覆膜时预先调整好整体位置，两人外八字拉伸将膜撑平，轻轻放下，去除大部分气泡（**注意：覆膜时最好一次覆膜成功，反复揭膜、覆膜容易产生折痕及胶印**），如图5-2-5所示。

### 4. 定位赶膜

将刮板倾斜45°，先将车门腰线以上定位并将气泡全部赶出，依次向左或者向右将刮板倾斜45°，从上到下进行往复运动，将所有气泡全部赶出为准，如图5-2-6所示。**注意：刮板赶膜必须一道盖一道，每次操作约有1/3或者1/4的重叠，以尽可能地避免因赶膜过程中的遗漏造成的气泡。**刮板力度不可太大，以膜与板件表面完全贴合为准，力度过大容易划伤膜表面，力度太小膜未与钣金件表面完全贴合。

### 5. 粗裁包边包角

将多余的膜裁切掉，边预留3~5cm用来包边，角位置预留10cm左右用来包角。利用烤枪将边角的膜加热使其软化，外八字拉伸后直接将边角进行覆盖，直线边的地方直接用手指向板件背面压实即可，如图 5-2-7 所示。**注意：边角位置的膜一般都有褶皱，需用烤枪对其加热软化后进行包角。**

### 6. 精裁

依照板件背面结构精细裁切，一般以板件背面钣金胶的位置为基准进行裁切，如图 5-2-8 所示。

图 5-2-5 揭膜、覆膜

图 5-2-6 定位赶膜

图 5-2-7 粗裁

图 5-2-8 精裁

### 7. 热定型

利用烤枪对精裁过的膜表面进行加热，使膜表面温度达到 90~95℃。热定型的目的是让膜背胶达到最佳粘合程度，其次判断粘贴的膜是否会出现缩边、缩角现象，如图 5-2-9 所示。

### 8. 清洁质检

清洁车膜表面残留手指印、灰尘等，待恢复膜表面光泽，检查贴膜部位是否存在气泡或者粘贴不牢等问题，如有问题应及时进行修复，如图 5-2-10 所示。

图 5-2-9　热定型

图 5-2-10　清洁质检

## 学习任务三　隐形车衣贴装

### 🖊️ 知识和技能目标

1）认识原厂车漆的重要性，了解汽车隐形车衣的分类、发展史及与镀膜、镀晶的区别等相关知识。

2）掌握汽车隐形车衣贴装的常见工具与设备。

3）掌握汽车前机盖隐形车衣贴装工艺。

### 🖊️ 过程与方法目标

1）灵活运用各种媒体资源查找汽车隐形车衣贴装的相关知识，提升获取信息和查找相关资料的能力。

2）提升自身制订工作计划、解决问题、优化决策的能力。

### 🖊️ 素养目标

1）提升对汽车隐形车衣贴装作业的兴趣和认同度。

2）体会个人专业、职业发展的重要意义，提高学习兴趣，养成良好的职业道德。

3）通过实践操作来培养自身良好的职业素养、工作态度和责任感。

## 一、隐形车衣的发展史

隐形车衣并不是字面上的"隐形"，简单来说是指汽车漆面上贴的透明保护膜，又称为车身透明膜、全车犀牛皮、车漆保护膜等，如图 5-3-1 所示。它是一种聚氨酯薄膜，含抗 UV 聚合物，抗黄变，具有超强的韧性、耐磨性，不变黄、抗碰撞，贴装后可使汽车漆面与空气隔绝，防酸雨、防氧化、抵抗划伤，持久保护车辆的漆面。

图 5-3-1　隐形车衣

　　隐形车衣起源于 20 世纪 60 年代，首先应用于美军直升机上，用于保护螺旋桨边缘；20 世纪 70 年代，用于保护美军隐形战斗机雷达罩漆面。20 世纪 90 年代隐形车衣开始民用，汽车拉力赛、方程式赛车等汽车竞赛项目开始使用"犀牛皮"来保护赞助商的图标，当车体发生碰撞时，可以保证车体图标的完整性。目前，隐形车衣用于对原厂车漆的保护。

## 二、隐形车衣的分类

### 1. 按材质分类

　　目前市面上有两种材质的隐形车衣，一种是 PVC 材质的，一种是 TPU 材质的。

　　（1）PVC　PVC 是一种塑料材质，它的材质较硬，质保期是 1~2 年。

　　（2）TPU　TPU 是一种热塑性聚氨酯弹性材料，具有很强的韧性和一定的硬度，质保期为 5~10 年。

### 2. 按胶层分类

　　胶层的作用是让基材和车漆更加紧密地接合起来。

　　（1）劣质胶水　黏性不稳定，贴装时易掉胶，车漆上留有胶印，长时间使用会脱胶、分层、起泡，撕除时的残胶也可能渗透到车漆内部，或者除膜时将车漆一块粘下来。

　　（2）优质胶水　贴装时黏性较低，可以反复调整不留痕迹，待水分蒸发后，保持适中的黏性，让车漆和膜紧密接合，展现爱车完美曲线，并且撕除方便，不会伤害车漆本身。

### 3. 按基材分类

　　基材是隐形车衣的基础组成部分，主要提供良好的透光性、韧性，是防止车漆被剐蹭损坏的坚实屏障，其主要分为两种。

（1）会黄变　一般为 PVC 或者芳香族 TPU 材质，这种材质易发生黄变。原因是紫外线使其部分结构发生不可逆的改变，产生显色基团，颜色由透明变为发黄，其发黄程度最终能达到 40% 左右。

（2）耐黄变　可以理解为普通 TPU 的变种，也称作脂肪族 TPU。两者的区别是后者的易发黄结构被去除，使其在长期紫外线的影响下也能保持原有的透明度，其最终黄变程度一般不超过 10%。

### 三、原厂车漆的重要性

原厂车漆是指汽车在出厂时所用的车漆（后期补的漆不能称之为原厂车漆）。在进行车身涂装的过程中，不同的阶段使用的涂料是不同的，并且形成不同的漆层。车身钢板漆面，由电泳层、中涂层、色漆层和清漆层四个漆层组成，这四个漆层共同构成了车漆层，也就是大家常说的原厂车漆。

原厂车漆含有钝化磷化层，它是原厂车漆专有结构，而后喷车漆用腻子代替磷化层，大大减弱了钢板与车漆的接合程度。并且腻子本身就具有严重的腐蚀性，会对钢板造成伤害，时间长了对整体车况十分不利。

原厂车漆的施工环境是绝对的无尘车间，避免了喷漆过程中细小的飞尘、污染物在与车漆接合的同时被喷涂在车体表面。原厂车漆的施工原料也远远优于后喷车漆，原厂车漆完全由电脑精密调漆，不仅色泽艳丽、自然，而且使用寿命更长久，与后喷车漆相比，会形成两种视觉效果，甚至色差极其明显。原厂车漆是在全车无内饰，无任何部件时采用 160～180℃ 的烘烤温度进行烤漆的，使车漆与钢板充分接合，更加牢固。

### 四、隐形车衣与镀膜、镀晶的区别

镀膜、镀晶的主要作用是提高车漆的泼水性及光亮度，同时在车漆表面形成硬化结晶体，使车漆在露天停放时免受酸雨、鸟粪、树胶等有害物质的侵蚀。与隐形车衣相比其优点是价格适中，缺点是没有隐形车衣经久耐用，对一般的划痕及车轮带起路边飞溅的小石子造成的划痕起不到很好的预防作用。

隐形车衣的作用是保护原厂漆，它可以有效地保护车漆，还可以提升车漆本身的光泽度，最重要的是它保护的时间长，优质 TPU 材质一般可以使用 5～7年。另外隐形车衣非常透明，可以和原来的车漆完美地融合在一起，与改色膜相比其优势是不影响汽车原来的颜色，而且还可以提升车体漆面原有的光泽度，一般可提升 30%。它还可以防止一般的摩擦和划伤。

## 五、隐形车衣贴装的常用设备与工具

（1）设备　多功能车门实训台。

（2）工具　贴膜蒸汽机、贴膜高压喷壶、定位器、钢直尺、硬水刮板、软水刮板、小刮板、长方形挂板、耳形挂板、美工刀、无纺布等，如图 5-3-2 所示。

图 5-3-2　隐形车衣贴装的常用设备与工具

## 六、汽车机舱盖隐形车衣贴装工艺

### 1. 漆面深度清洁

在机舱盖表面喷洒清洁剂，使用刮板将机舱盖表面清洗干净，利用洗车泥进行漆面深度清洗，边清洗边用手抚摸漆面，确定没有遗漏的地方，如图 5-3-3 所示。对于漆面比较粗糙洗车泥无法处理的，需要进行抛光处理，并用吸水布将边缝水分擦拭干净。

图 5-3-3　机舱盖漆面深度清洁

## 2. 车衣剪裁

根据机舱盖尺寸大小，裁剪出整块的隐性车衣，然后按照车身的流线布局进行进一步的剪裁，单边预留 10~20cm，方便手可以抓住车衣边部进行拉伸，如图 5-3-4 所示。**注意：单边尺寸必须预留略宽，预留尺寸太少无法进行拉伸。**

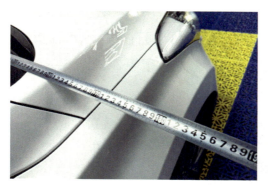

图 5-3-4　车衣剪裁

## 3. 贴装准备

在机舱盖表面喷洒安装液，用刮水刮板刮除安装液，反复两三次直到表面清洗干净，利用无尘布擦拭干净，观察漆面是否干净，无脏点、无瑕疵，并将机舱盖边、角边缝擦拭干净，如图 5-3-5 所示。

**注意：刮板刮水需要每刮一次用吸水布擦拭一次，并清理刮板表面。刮板每次需要覆盖上一次痕迹的 1/5~1/4，防止漏刮。**

图 5-3-5　贴装准备

## 4. 初步定位

先将车衣的一个角揭开喷洒安装液，手换位抓住已去掉保护膜的位置，继续揭车衣，一边揭一边喷洒安装液；将车衣全部覆盖在机舱盖上，观察车门部位是否全部被膜覆盖住，边角是否有足够膜预留量，如图 5-3-6 所示。机舱盖安装液必须喷均匀，不能有遗漏。注意揭车衣之前周围需要先降尘，揭开过程必须一边揭保护膜一边喷洒安装液，防止产生静电吸附周围灰尘。

图 5-3-6　初步定位

### 5. 拉伸定型

拉伸方法为外八字拉伸（四个角方向拉伸），即将机舱盖车衣四条边线褶皱撑平，用清水将四个角的安装液冲洗干净，将四个角与漆面完全贴合，如图 5-3-7 所示，并用刮板将四个角的水分挤排干净，防止四个角的车衣回缩，无法实现定位的目的。

### 6. 水分挤压

大面积赶水之前，用手抚摸车衣表面，让安装液充分覆盖至每一块区域。刮板赶水过程中，刮板每一刮水操作都要覆盖上一次痕迹的 1/4~1/3，防止漏刮。刮水完成后用毛巾擦干表面水分，在车衣与机舱盖之间的水分没有蒸发完以前检查施工效果，看是否有胶印、漏刮、脏点、灰尘和沙粒，如有问题需及时补救或者重新施工，如图 5-3-8 所示。**注意**：赶水过程中，安装液必须覆盖至每一块区域，因为缺少安装液，车衣没有滑动性，容易产生胶印；刮板必须将安装液

图 5-3-7　拉伸定型

图 5-3-8　水分挤压

清除干净，不能有漏刮，赶水不到位或者漏刮容易产生小气泡。

### 7. 精裁与收边、包边

精裁的目的是将多余的膜裁掉，防止反复撕揭多次使车衣上的灰尘、脏点、沙粒回流至机舱盖边角位置。将左右边和上下边车衣抬起喷洒清水，将安装液稀释掉，等待车衣表面清水干透后再进行包边，可用烤枪热定型施工，如图 5-3-9 所示。包边时安装液必须用清水冲洗干净，否则安装液黏度太高，边角无法跟漆面粘合。

a）精裁收边　　　　　　　b）加热定型　　　　　　　c）精裁包边

**图 5-3-9　精裁与收边、包边**

### 8. 清洁质检

用无尘布或者吸水布将贴装位置擦拭干净，确认表面没有缺陷，如存在气泡或者粘贴不牢等问题应及时进行修复。

## // 课程育人 5 //

在对爱车进行装饰或改装前，要先了解相关法律法规，以免陷入误区。我们的学生也要具有相关的法律意识，要知道如果违反了相关法律法规，不仅验车时过不了关，还有可能造成安全隐患，甚至受到法律的制裁。

安全无论在任何时候，都是驾车人士关注的第一话题，小小问题都会引发大的事故，因此选购的汽车装饰用品绝不能妨碍到驾驶及行车时的安全性。购买的汽车装饰用品除讲究美观外，还需要考虑它的实用性；不可盲目地给爱车装饰，不恰当的装饰会给行车带来很大的安全隐患。

## 复 习 题

### 一、填空题（30分）

1. 目前汽车市场上的前风窗玻璃膜一般都可以阻隔超过（　　　）的热量。

2. 车窗膜按其发展演变的顺序可以分成四代，其中第四代是（　　　）。

3. 选购防爆膜时，可运用（　　　）、（　　　）、（　　　）、（　　　）等感官手段测试它的可见光透过率、隔热性、防爆性、颜色等。

4. （　　　）是热辐射的因子，使车室温度上升，塑胶材质乳化，让人感到不适，冷气负荷也跟着变大。

5. 用卷尺在玻璃外侧量取玻璃的宽与高时，两端都必须预留（　　　）cm的余量以防止剪裁量过大。

6. 防爆膜是通过金属对光的反射与散射，达到隔热防晒的目的，因此这种金属膜具有（　　　），也就是通常所看到的汽车贴膜后里面看得到外面，而从外面却看不到里面的"（　　　）"。

7. 车身钢板漆面由电泳层、中涂层、（　　　）和（　　　）四个漆层组成，这四个漆层共同构成了车漆层，也就是大家常说的原厂车漆。

8. （　　　）的目的是将多余的膜裁掉，防止反复撕揭多次使车衣上的灰尘、脏点、沙粒回流至机舱盖边角位置。

9. （　　　）不是字面上的"隐形"，简单来说是指汽车漆面上贴的透明保护膜，又称为车身透明膜、全车犀牛皮、车漆保护膜等。

### 二、单项选择题（30分）

1. 汽车防爆膜的（　　　）主要是反射和阻挡红外线等能产生大热量的光线，实现隔热、隔紫外线功能。

   A. 金属涂层　　　B. 安全基层　　　C. 聚酯膜层　　　D. 粘着层

2. （　　　）是指使用磁控溅射工艺生产，具有智能光谱选择性能的膜。

   A. 印刷膜　　　　　　　　　　B. 普通金属膜

   C. 染色膜　　　　　　　　　　D. 智能光谱选择薄膜

3. 太阳光中能给人体和汽车内饰造成伤害的是（　　　）。

   A. 可见光　　　B. 紫外线　　　C. 红外线　　　D. 其他射线

4. 红外线热能高，会提高驾驶室的（　　　），增加空调的使用频率。

   A. 湿度　　　　　　B. 温度　　　　　　C. 透气性　　　　　D. 照明度

5. 清洗玻璃内表面时，首先往玻璃内表面喷洒安装液，使用（　　　）按照从上到下的顺序刮洗一遍。

   A. 中号刮板　　　　B. 软刮板　　　　　C. 毛刷　　　　　　D. 毛巾

6. 高质量的防爆膜，紫外线阻隔率指标一般不低于（　　　）。

   A. 60%　　　　　　B. 80%　　　　　　C. 90%　　　　　　D. 98%

7. 对于玻璃膜来说，（　　　）是衡量膜隔热性能的一个重要参数。

   A. 太阳能阻隔率　　　　　　　　　　B. 红外线阻隔率

   C. 紫外线阻隔率　　　　　　　　　　D. 可见光通过率

8. 车窗膜的作用包括（　　　）。

   A. 隔热　　　　　　B. 隔紫外线　　　　C. 防眩目　　　　　D. 以上都是

9. 烤膜一般使用内灌风法。烤枪到玻璃的距离应由远及近，至（　　　）左右时将烤枪出风口对准起泡口开始灌风处理。

   A. 2cm　　　　　　B. 3cm　　　　　　C. 4cm　　　　　　D. 5cm

10. （　　　）是车窗膜中关乎行车安全最重要的性能。

   A. 紫外线阻隔率　　　　　　　　　　B. 隔热率

   C. 透光率　　　　　　　　　　　　　D. 颜色

11. 为了方便车窗膜能更好地塞入车窗的缝隙，应该对（　　　）进行裁切。

   A. 底部　　　　　　B. 顶部　　　　　　C. 中部　　　　　　D. 侧面

12. 覆膜排水的工具有（　　　）、塑料刮板。

   A. 纸板　　　　　　B. 玻璃刮板　　　　C. 橡胶刮板　　　　D. 刀片

13. 以下哪些是改色膜的特点？（　　　）

   A. 轻薄强韧　　　　B. 经久耐用　　　　C. 卓越滤光　　　　D. 以上都是

14. 下面是汽车前后风窗玻璃贴膜的验收，其中合格的是（　　　）。

   A. 透过风窗玻璃看窗外，有气泡、尘粒、褶皱、水滴印痕

   B. 贴膜边缘线裁割不整齐

   C. 贴膜边缘有起边现象

   D. 贴膜后无模糊、色差现象，从外侧看不应有强反光现象，边缘无漏光现象

15. 汽车玻璃膜的保养方法中，正确的是（　　　）。

　　A. 热车时用冷水直接冲洗玻璃

　　B. 贴完膜的玻璃可随时升降

　　C. 不能用碱性强的清洗剂清洗膜的外表

　　D. 将一些装饰物粘附在车膜上或者通过吸盘吸附在车膜上

## 三、判断题（20分）

1. 染色膜的质量很差，易褪色，异味浓，容易划破，粘贴层
　 与玻璃的附着力小，容易分离，使用寿命极短。　　　　　（　　　）

2. 汽车防爆膜只具有隔除紫外线、隔热降温、节约能源、防
　 爆、防眩目的作用。　　　　　　　　　　　　　　　　　（　　　）

3. 在无尘贴膜室里面，应保持地面干燥、洁净，防止灰尘飘
　 浮起来。　　　　　　　　　　　　　　　　　　　　　　（　　　）

4. 手电筒、防护薄膜、剪刀、铲刀、钢直尺、毛巾都是贴膜工具。（　　　）

5. 裁好的膜在需要移动时，应双手提起两个角移动，防止在
　 移动中产生褶皱。　　　　　　　　　　　　　　　　　　（　　　）

6. 粗裁包边、包角是将多余的膜裁切掉，边预留 3~5cm 用来
　 包边，角的位置预留 10cm 左右用来包角。　　　　　　　（　　　）

7. 贴膜后 3 天之内，车主不要升降车窗或用水清洗车，以免
　 水分未干造成膜脱落。　　　　　　　　　　　　　　　　（　　　）

8. 改色膜有极好的环境适应性，不发黄，使用寿命达 4 年。（　　　）

9. 如果玻璃上有沙砾就很容易在热成型时刮坏窗膜。　　　　（　　　）

10. 紫外线具有破坏性，皮肤长期受紫外线侵害，会加速老
　　 化，严重时可引发皮肤癌和眼部疾病。　　　　　　　　（　　　）

## 四、解析题（20分）

1. 简述隐形车衣的作用。

2. 汽车改色膜有哪些特点？

汽车装饰的升级是指在不改变汽车本身功能和结构的前提下，通过增加一些附属的装饰品或装饰件，来提高汽车外观和内饰的美观性的行为。根据汽车装饰的部位分类，可分为汽车外部装饰和汽车内部装饰。汽车外部装饰常见项目包括加装或改装前后保险杠、大包围、导流板、扰流板、汽车彩绘等。汽车内部装饰常见项目主要有对车内顶篷、地板、控制台、座椅等部位外表面加装、更换面料及放置饰品等，同时加装儿童座椅也成为一些车主内部装饰必选的项目之一。

## 学习任务一 汽车外部装饰升级

### 📝 知识和技能目标

1）了解汽车外部装饰改装项目类型及方式、方法。

2）掌握汽车彩绘的定义、分类与要求。

3）掌握汽车彩绘所需使用的设备、工具和形体模板。

4）掌握汽车彩绘的工艺流程及注意事项。

### 📝 过程与方法目标

1）灵活运用各种媒体资源查找汽车外部装饰升级的相关知识，提升获取信息和查找相关资料的能力。

2）提升自身制订工作计划、解决问题、优化决策的能力。

### 📝 素养目标

1）提升对汽车外部装饰项目作业的兴趣和职业认同。

2）体会个人专业、职业发展的重要意义，提高学习兴趣，养成良好的职业道德。

3）通过实践来培养自身良好的职业素养、工作态度和责任感。

# 一、外部装饰改装项目介绍

## 1. 车身大包围

（1）车身大包围的概念　车身大包围又称为"空气扰流组件"，用于改善车身周围的气流对运动中车身稳定性的影响，通常指车身下部宽大的裙边装饰，一般由前包围、侧包围、后包围、轮眉、挡泥板和门饰板组成。图 6-1-1 所示为奥迪轿车大包围改装前后对比图。

　　　　a）　　　　　　　　　　　　　b）　　　　　　　　　　　　　c）

**图 6-1-1　奥迪轿车大包围改装前后对比**

（2）车身大包围的作用　车身大包围的作用主要有改善气流，改善外观，提高汽车行驶稳定性，提高操纵安全性。

（3）车身大包围的组成　图 6-1-2 所示为宝马 X5 大包围的前包围、后包围和侧包围。前后包围有全包围式和半包围式两种形式。全包围式是将原来的保险杠拆除，然后装上大包围；或部分加装装饰件，这样可不用拆除原保险杠。侧包围又称侧杠包围或侧杠裙边。

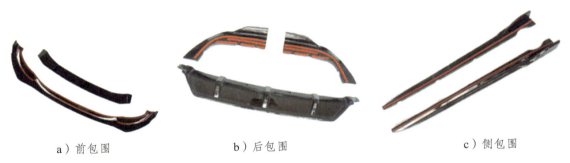

　　a）前包围　　　　　　　　　b）后包围　　　　　　　　　c）侧包围

**图 6-1-2　宝马 X5 前、后、侧包围**

### 2. 导流板和扰流板

（1）相关概念

1）导流板：指汽车（大多数轿车）前后保险杠下方的抛物线形风罩，如图 6-1-3、图 6-1-4 所示。

图 6-1-3　导流板

图 6-1-4　导流板安装效果

2）扰流板：安装在轿车行李舱上形似鸭尾的凸起物，用于阻滞从车顶冲下来的气流，以形成向下的作用力，又称为"尾翼""扰流翼"等，如图 6-1-5、图 6-1-6 所示。

图 6-1-5　扰流板

图 6-1-6　扰流板安装效果

（2）空气动力学原理　空气流动的速度与压力成反比。也就是说，空气流动的速度越快，压力越小；空气流动的速度越慢，压力也就越大。例如，飞机的机翼上面呈正抛物线形，气流较快；下面平滑，气流较慢，这样使得机翼下的压力大于机翼上的压力，从而使飞机产生升力。飞机机翼升力产生原理如图 6-1-7 所示。

轿车在高速行驶中由于车身上下两面的气流压力不同，下面大、上面小，这种压力差必然会产生一种上升力，车速越快压力差越大，上升力也就越大。这种上升力也是空气阻力的一种，汽车工程界称为诱导阻力，该阻力约占整车空气阻力的 7%。虽然这个比例较小，但危害却很大。其他空气阻力只是消耗轿车的动力，而诱导阻力不但消耗动力，还会产生承托力，从而危害轿车的行驶安全。因为当轿车时速达到一定的数值时，升力就会克服车重力而将汽车向上托起，减少车轮与地面的附着力，使轿车发飘，造成行驶稳定性变差。为了减少轿车在高速行驶时所产生的升力，汽车设计师除了在轿车外形方面做改进，将车身整体向前下方倾斜，以便在前轮上产生向下的压力，并将车尾改为短平，减少从车顶向后部作用的负气压而防止后轮发飘外，还在轿车前端的保险杠下方装上向下倾斜的连接板。

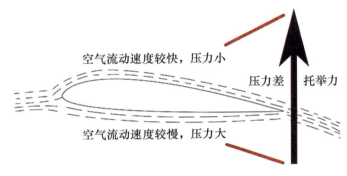

空气流动速度较快，压力小

压力差　托举力

空气流动速度较慢，压力大

**图 6-1-7　飞机机翼升力产生原理**

连接板与车身前裙板连成一体，中间开有合适的进风口以加大气流量，降低车底气压，这种连接板就是导流板。

（3）导流板和扰流板的作用

1）导流板的作用：大多数轿车的头部是上部光滑，向上凸出；而车身下部装有发动机、变速器、传动机构等。气流通过车身头部时上部气流速度大于下部气流速度，造成上部压力小于下部，车身前部就会有一个由前部地板向上的提升力。加装导流板之后可以将气流有效分流，减小提升力的产生，提高汽车行驶的稳定性，如图 6-1-8 所示。

2）扰流板的作用：减少进入汽车底部的气流，以减小高速行驶时气流对车辆产生的升力；减弱车身前侧的空气涡流，以减小空气阻力。扰流板主要用在高速行驶的轿车上，如图 6-1-9 所示。

## 3. 保险杠装饰

（1）保险杠的作用　汽车保险杠分为前保险杠和后保险杠，属于安全件。保险杠作为汽车外部防护零件的一部分，具有如下作用。

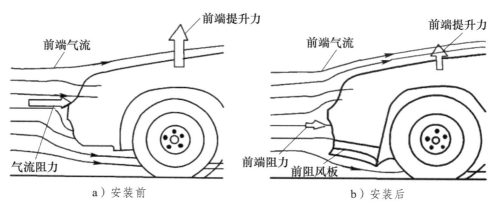

a）安装前                              b）安装后

图 6-1-8　导流板安装前后受力对比

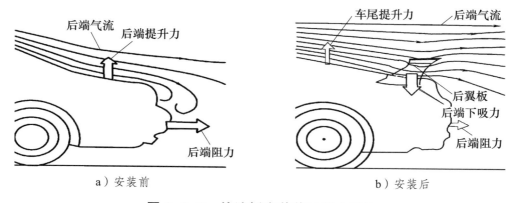

a）安装前                              b）安装后

图 6-1-9　扰流板安装前后受力对比

1）在车辆发生正、斜撞击时，起到减轻人员伤亡和车辆损坏的作用。

2）为照明系统及前、后通风系统提供一定的安装空间与支撑。

3）具有装饰、美化车身的作用。

（2）保险杠的分类

1）按材料分。

①钢板保险杠。由钢板冲压成 U 形槽钢，表面镀铬，与车架纵梁铆接或焊接在一起，与车身有一段较大的间隙，好像是一件附加上去的部件，如图 6-1-10 所示。现在钢板保险杠主要用于货车。

②塑料保险杠。主要由塑料制成，它除了具有原有的保护功能外，还与车体造型和谐、统一，并使车身轻量化，如图 6-1-11 所示。这种保险杠的强度、刚度和装饰性都较好。塑料保险杠从安全上看，汽车发生碰撞事故时，能起到缓冲作用，保护前后车体；从外观上看，可以很自然地与车体结合在一块，浑然一体，具有很好的装饰性，成为装饰轿车外形的重要部件。

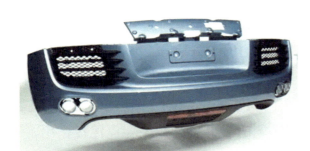

图 6-1-10　钢板保险杠　　　　　　图 6-1-11　塑料保险杠

③铝合金保险杠。是由铝合金制成的管状保险杠，如图 6-1-12 所示。这种保险杠具有造型丰富、美观、气派等特点，主要用于越野汽车。

④镜钢保险杠。由钢管制成，并经电镀处理，具有庄重、气派等特点，如图 6-1-13 所示，主要用于小型面包车。

图 6-1-12　铝合金保险杠　　　　　图 6-1-13　镜钢保险杠

2）按安装位置分。

①前保险杠：分为两大类，即护灯型保险杠和 U 型保险杠，如图 6-1-14、图 6-1-15 所示。护灯型保险杠可以全方位地保护前格栅，抵挡来自正面和斜前方的撞击。主体材料可以是不锈钢、塑料件或铝管件。U 型保险杠设计简洁，可适应所有车型，但只能防御正面撞击，对来自斜前方的撞击几乎无抵抗力。材质可以是钢板、塑料或铝合金。

图 6-1-14　护灯型保险杠　　　　　图 6-1-15　U 型保险杠

②后保险杠：如图 6-1-16 所示，和前保险杠一样分为两大类，即护灯型保险杠和 U 型保险杠。

③侧保险杠：如图 6-1-17 所示。侧保险杠的主要作用是防止侧面撞击，减轻撞击损伤程度或冲击强度，有效保护车内乘客安全。侧保险杠还可以充当垫高物方便驾乘人员上下车，同时还能起到一定的装饰车身作用和挡泥板作用。

图 6-1-16　后保险杠

图 6-1-17　侧保险杠

## 二、汽车外部的改装与升级

### 1. 大包围的加装

（1）车身大包围的设计原则

1）整体性原则：要将汽车前、后、左、右各包围件作为一个整体进行设计。

2）协调性原则：各包围件的造型和颜色要与车身相协调。

3）安全性原则：汽车安装大包围后绝不能影响整车性能和行车安全。设计中要考虑路面状况，所有饰件离地面应保持一定距离（至少 20cm）。

4）标准性原则：设计的大包围组件要符合国家有关规定。

5）观赏性原则：设计的大包围组件要美观大方，符合消费者审美需求。

（2）车身大包围的制作工艺　以玻璃钢材料为例，其制作工艺如下。

1）做试模。大包围雏形的设计，行业内称为"做试模"，即先用玻璃钢做成预想的产品形状。试模做成后，就可以在试模上用玻璃纤维套出主模，经过修整后的主模便可以用于生产。

2）喷涂胶衣。在主模内表面喷涂一层胶衣，它是产品的表面，也是玻璃钢最重要的材料，同时也起到方便脱模的作用，而且它的颜色决定了产品坯件的颜色。

3）铺纤维。等胶衣干后，就可以把预先裁好的纤维往主模上铺，此时产品的造型已基本形成。对于玻璃钢，一般要贴上 3~5 层，确保每个大包围都有足够的刚度。1~4h 后，等玻璃钢干透，即可脱模。

4）打磨喷漆。脱模后便进入打磨和打水砂的工序。打磨是把产品表面的瑕疵和气泡打掉，因为产品要进行高温烤漆，如果不打磨掉气泡会很容易膨胀而破坏产品表面；打水砂是把产品表面打毛，使喷漆时能较容易地上漆。

5）喷漆。上述修漆工序完成后，即可喷上专用底漆，再经过喷面漆和烤漆后，大包围产品便制作完成。

（3）车身大包围的安装步骤

1）测试前后大包围的强度。由两人各持一端向相反方向用力使其产生形变，然后松开，看其是否能恢复原来状态，如此时前后唇产生了明显变形，则说明强度不够。

2）安装灯眉。把灯眉粘贴在前照灯的上部。

3）为了保护原车漆膜，在原前后保险杠的边缘粘贴皱纹纸。

4）将后唇放到车上对位。

5）用角向磨光机和砂纸反复打磨修整后唇，使其和原车的后保险杠紧密配合。

6）在后唇内部涂抹胶水。

7）把后唇粘在后保险杠外面，并用皱纹纸粘贴固定。

8）在后唇内侧钻孔，并用螺钉固定。

9）在螺钉上涂抹调好的同颜色涂料。

10）如果后唇上有灯具，则连接灯具导线。

11）按照相同方法安装前唇。

12）安装裙边（粘接）。

13）安装扰流板（在行李舱盖上打孔安装）。

（4）加装大包围的注意事项

1）汽车是否加装大包围，要根据使用的实际情况来决定，只有在较为平坦的、良好的道路上行驶的车辆才能加装大包围。

2）根据产品档次不同，大包围的价位也有较大差异。因此在加装大包围前，一定要向顾客详细介绍，以便其做出选择。

3）建议选用高质量的产品，因为高质量的产品，无论是坚固程度还是表面光洁度都远远强于一般产品。

4）尽可能不要选用那种需要拆掉原车保险杠才能安装的大包围，因为玻璃钢的抗撞击能力比较差，所以，选用将原保险杠包裹在其中的大包围不会影响车辆的安全性。如果一定要选用拆原车保险杠的大包围，可设法将原保险杠中的缓冲区移到玻璃钢大包围中，以起到适当的保护作用。

### 2. 导流板的加装

（1）导流板的选用　导流板按照安装方式可分为螺栓固定式和粘贴式。由于粘贴式导流板的固定状况不是太好，在使用过程中受到轻微碰撞就容易脱落，现已经淡出市场。在选择导流板时，应该注意导流板的造型、尺寸要与车身相适应。对于流线造型的车身要选择与车身造型相适应的导流板；对于车身造型线条构成比较简单的车型，可以选择造型比较简单的导流板。导流板应按车身纵向对称，其左右两侧长度均不能超出车身宽度10cm。在保证质量的情况下尽量选择专业厂家生产的产品。

（2）导流板的安装

1）拆下前保险杠下部的车身板件。

2）在前保险杠的下面换上新导流板，并与两个轮罩对中，还要保证导流板前面的上缘落在前板的里边。

3）用虎钳夹把导流板的边角夹紧到轮罩上。

4）将前车身板件的安装孔用划线方法转到导流板上。

5）用划线的方法将导流板端部的安装孔转到轮罩上。

6）用直径6.35mm的钻头钻6个孔，穿过金属薄板和导流板。

### 3. 扰流板的加装

（1）扰流板的选用　车主可根据个人喜好选用扰流板。扰流板的安装方式主要有粘贴式和螺栓固定式两种。

1）粘贴式扰流板。可避免破坏行李舱盖，且不会漏水，但是固定效果没有螺栓固定式扰流板好。

2）螺栓固定式扰流板。固定牢固，但钻孔会破坏行李舱盖的外观，且安装不好时会发生漏水现象。

（2）扰流板的安装　以螺栓固定式扰流板为例，其安装方法如下。

1）在行李舱盖上找到适合的位置，再与扰流板上的螺栓孔配合，做好记号。在行李舱盖上打贯穿孔。

2）在钻孔位置与扰流板接合处注上硅胶以防漏水。

3）将固定螺栓由行李舱内侧往外固定锁紧。

4）为防止漏水，可在固定后在固定架周围注入透明硅胶。

### 4. 保险杠的加装

（1）保险杠的选择

1）注意专车专用，不可互换。

2）装饰用保险杠不可替换原车保险杠。

3）加装保险杠时可以将原车保险杠包起来。

（2）保险杠的安装

1）拆除防砾石挡板、停车灯、风窗清洗器软管及其他必须拆除的零部件。

2）更换保险杠时，必须检测吸能器。

3）用螺栓固定保险杠后，必须进行调整，使之与翼板及前格栅的距离相等，顶部间隙必须均匀。调整装配螺栓，使装配托架允许保险杠可上可下、可左可右及可进可出，如果需要，在保险杠和装配托架之间加设填隙片以调整保险杠对准。

## 三、汽车彩绘概述

### 1. 汽车彩绘的定义

汽车彩绘也称为车身艺术烤漆，是指彩绘画师用喷笔（或喷枪）把彩绘颜料喷涂在车体表面形成图案，并对画面进行烤漆抛光处理，使画面持久亮丽、色彩逼真、栩栩如生的操作过程。与车身贴纸相比，汽车彩绘能代替彩条、文字和图案、改色贴膜的粘贴工作，且技术含量更高，色彩更加丰富，色泽更加艳丽，更能满足个性化的需求。

汽车彩绘的主要目的可以归结成两点：一是用于广告宣传；二是张扬个性。应该说早期的汽车彩绘，主要目的是进行宣传，在车身上彩绘的图案都非常有创意。这类彩绘一般都以货车的车厢为主，多是以所运输的产品加以创意的彩绘，这样不仅完成了功能性的运输，而且由于创意性强，在路上很容易吸引眼球，所以成为流动的广告。以张扬个性为目的的彩绘完全是由于个人喜好而产生的。人们在自己的生活中，已经不满足千篇一律的车身，于是开始对车身的色彩进行渲染，逐渐开始绘制各种图案，有自己喜爱的明星、图腾、动物、人物，还有动漫，甚至将整车通过喷绘特有的立体效果，变成了另外的造型。

### 2. 汽车彩绘的分类与要求

汽车彩绘从持久性方面分为两种，即一次性和永久性。一次性彩绘可以洗掉，在不洗车的情况下保持 1~2 个月；永久性彩绘可以成为汽车面漆层，经过烤漆，一般能保持 10 年。

汽车彩绘的制作形式分为三种，即手工彩绘、喷笔（喷枪）彩绘和机器彩绘，如图 6-1-18 所示。汽车彩绘改变了汽车外观，且色彩鲜艳，很吸引人的目光，所以在进行汽车彩绘时需要注意两个方面：一是要符合国家的相关法规政策规定；二是彩绘图案要符合文化导向及美学要求，不应有涉及凶杀、暴力、血腥、色情、政治、恐怖、裸露、灾难、侮辱性的文字及图案，应提倡积极、健康、文明、上进、爱心、自然、和谐的文化表达，如图 6-1-19 所示。

a）手工彩绘

b）喷笔彩绘

c）彩绘机

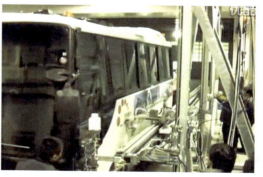
d）机器彩绘

图 6-1-18　汽车彩绘

图 6-1-19　内容健康的汽车彩绘

## 四、汽车彩绘的工具、设备和形体模板

### 1. 汽车彩绘所需工具设备

汽车彩绘所使用的设备主要是喷枪、喷笔、空气压缩机、连接的气管和接头以及刻制模板用的刻刀、刻板、胶带、直尺等，还有必备的计算机和打印机等，见表 6-1-1。

表 6-1-1　汽车彩绘所需工具设备

| 喷枪 | 用于向喷绘区域喷涂一层浅薄灰白漆及绘图结束后喷清漆 | |
| --- | --- | --- |
| 喷笔 | 用于绘图，可自由轻松地控制喷绘面积的大小、颜色的轻重、色彩的渐变层 | |
| 空气压缩机 | 为喷枪、喷笔提供其所需的压缩空气 | |
| 计算机、打印机 | 制作模板时可利用计算机对图片进行修改和编辑，完成后用打印机打印图片 | |

其中喷笔是汽车彩绘作业中使用到的主要工具，按控制调节装置不同分为外调式和内调式，一般选购外调式，其口径可以在 0.2~0.3mm 做细微调节。

　　喷笔按口径大小可分为 0.1mm、0.2mm、0.3mm 和 0.5mm 等多种，口径越小，绘制出的线条越细，常用的口径有 0.2mm 和 0.3mm。

　　按储漆杯的位置不同，喷笔可分为上壶式、侧壶式和下壶式，如图 6-1-20 所示。

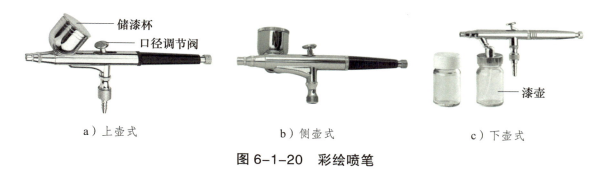

a）上壶式　　　　　　　b）侧壶式　　　　　　　c）下壶式

**图 6-1-20　彩绘喷笔**

　　选择喷笔时需注意如下事项。

　　1）可根据个人习惯和喜好进行选择，但很多时候手感也是很重要的。

　　2）在顶篷上绘制时，因为喷笔喷嘴是向上喷绘的，所以采用侧壶式（可旋转）喷笔是最合适的。下壶式喷笔在更换涂料时比较方便，可以把调和好的涂料放在漆壶里，需要什么颜色时，只要更换漆壶就可以了，这种喷笔比较适合绘制颜色丰富的画面。

　　3）上壶式喷笔只有一个储漆杯，比较固定，清洗容易，只要把漆料放在储漆杯里即可喷绘，属于常用型喷笔。

　　4）以容易清洗的不锈钢喷笔为好。

## 2. 形体模板

　　形体模板在汽车彩绘中是经常用到的一种辅助造型工具，在彩绘过程中使用它可以提高汽车彩绘效率。尽管模板可提高效率，有些汽车彩绘图案还是不能依靠模板来完成，只能靠彩绘师的高超技术即兴发挥。例如，写实的发丝效果、光线效果、云彩的绘制，以及一些没有明确轮廓的形体，如远景的树枝、山峦和在视觉上模糊的影像等。形体模板通常有四种形式。

　　（1）硬模板　硬模板是指用硬纸板制作的模板，主要通过透稿得到。操作时放在上面的是要画的图案，中间是复写纸或炭精粉，下面是硬纸板。透稿时可用硬铅笔描绘要画的图案轮廓，再用刻纸刀顺着留在硬纸板上的痕迹把需要刻绘的形体轮廓线刻开。利用硬模板可以刻画形体比较清晰的图案，如一般写实风格的图案，特别是画面中主体的形象，轮廓线本身就非常清晰；另外前后关系明确、明暗分明、界线分明的部分也需要借用硬模板的形式，如图 6-1-21所示。

图案
复写纸或
炭粉层
硬纸板

图 6-1-21　硬模板

如果直接在车体上绘制描线，则不需要用硬纸板做模板。具体方法是，先在图样的背面涂上炭精粉，然后用棉花或纸巾把炭精粉揉到绘有图样的纸内，把多余的炭精粉擦掉以免弄脏车体表面。把涂有炭精粉的图样固定在车体需要绘制彩绘的地方，用铅笔描绘形体轮廓。然后用刻纸刀沿着画纸上形体轮廓线的地方刻开。刻绘时需注意线的闭合和衔接，形体轮廓线要清晰、明确、有条理，用刻刀时要有力度，边缘要刻整齐，刻开的地方可以用胶带粘贴好。

（2）软模板　软模板也是透稿的模板形式。它利用复写纸或炭精粉把图案形体轮廓和结构线直接描绘在车身上，在车身上直接可以体现出形体线条，然后利用喷笔喷绘线条来绘制出图案，如图 6-1-22 所示。

（3）遮挡模板　遮挡模板是在喷绘过程中用来遮挡已经完成的局部，以方便喷绘旁边图形的模板，特别是在喷绘有弧形的地方时经常使用。

图 6-1-22　软模板

（4）适量模板　适量模板也称漏板，即利用刻绘机或刻刀把图案形体线以适量封闭线的形式刻绘在不干胶纸或其他料板上，在不干胶纸或料板上形成可以镂空的图案。这种模板多应用于喷绘一些卡通图案、字体、标志、适量图文、边缘清晰的线条等。

## 五、汽车车身的彩绘及注意事项

### 1. 喷绘图案工艺流程

下面以发动机盖喷绘为例介绍汽车喷绘操作的完整过程。

（1）车体表面处理

1）去光处理。可用 1500~2000 号水磨砂纸或百洁布处理喷绘区域，也可以用机械打磨，但要正确选择干磨砂纸规格或其他打磨材料，注意打磨的方法和手法，打磨要均匀，且避免在车体上出现划痕。

2）找平。认真检查喷绘区域车体表面，如有碰撞划痕，必须使用原子灰填补，并打磨平整。

3）清洁。打磨后先使用高压水枪冲洗，把失光处理或找平处理时打磨的污物清除干净，用美容毛巾擦干，气吹枪吹干；再用除油剂和除尘布除去油、灰尘，以便提高喷绘的附着力。

（2）遮蔽　根据喷绘部位和被喷绘部件所处状态（如被喷绘部件是在车身上还是被拆下来，喷绘部件是全部表面还是局部等）选择是否遮蔽或仅遮蔽局部。

（3）透稿　根据喷绘图案的简单、复杂程度或者根据喷绘板面形状、放置等情况，灵活选用合适的模板形式和透稿方法。本例利用软模板喷绘，其透稿方法如下。

1）对喷绘区域喷涂一层浅薄灰白漆。一般汽车喷绘图案都从白色喷起，在原来漆面为非浅色的情况下更是如此，在干燥后清洁干净该区域。

2）把画纸放在发动机盖需要喷绘的正确位置，先用铅笔画出火焰图案，再用切割工具沿图案轮廓线小心切割。注意切割力度，要求切割透画纸，但不能划伤漆面。

3）涂炭精粉。用海绵盘沿已经切割过的轮廓线均匀涂抹炭精粉；把画纸揭开，在发动机盖上便得到火焰的轮廓线。

4）定位轮廓线。用胶带沿透稿得到的火焰轮廓线进行准确定位，注意区分胶带的内、外边缘粘贴轮廓线位置；并用另一张画纸作为遮蔽纸，而且也要把它铺平和定位好。

5）用切割工具沿胶带边缘小心地切割火焰图案轮廓线。注意区分什么地方要沿胶带内边缘位置切割，什么地方要沿胶带外边缘位置切割，切割完毕后把画纸火焰部分撕开。

（4）喷绘

1）喷绘水印。

2）喷绘火焰的各种颜色。根据效果图，利用黄色、红色等涂料进行喷绘。

3）喷绘火焰渐变色。渐变色是汽车喷绘常用的效果，能体现颜色由浅入深或者由深到浅等的变化。操作时先把定位轮廓的胶带撕开，再喷绘。

4）综合效果喷绘。根据上述方法，把喷绘区域的所有火焰图案全部喷绘在发动机盖上，并处理好各个细节。在喷绘相邻火焰图案交汇的地方时，经常要使用遮挡模板遮挡已经完成的局部位置。

（5）喷清漆 清漆是一种透明的涂料，也称"光油"，喷涂后在图案表面或车体色漆表面形成一层保护层，光泽度很高，使得喷绘的图案亮丽，光彩照人。如图 6-1-23 所示。

图 6-1-23 喷绘工艺

（6）烤漆 烤漆前，注意清洁烤漆房，以免灰尘等污染物对车漆造成污染。一般喷好清漆后烘烤 30min 即可。

（7）抛光处理 汽车喷绘属于个性化的美观追求，必须满足光亮、平滑、艳丽的要求，达到镜面效果。汽车表面经喷涂之后，可能会出现粗粒、砂纸痕、流痕、反白、橘皮等漆膜表面的细小缺陷，这些缺陷必须进行抛光处理。注意：必须在清漆完全干燥后才能进行抛光工作。

（8）安装 把发动机盖安装在车身上时，注意调整好配合间隙，并且要保证开关顺畅。

### 2. 汽车喷绘注意事项

1）透稿前的失光打磨应确保打磨均匀，把握好力度，既不能伤到底漆又要把面漆打磨干净，以避免降低原来漆面对汽车的保护作用，提高喷绘的附着力和艳丽效果。

2）涂料的配比对调色非常重要，色彩的把握、色彩的渐变以及图案绘制的先后次序将直接影响作品的表现效果。

3）喷绘后的漆面抛光要均匀，不能留下胶痕、抛光痕，避免出现凹凸不平的现象，影响喷绘颜色的鲜艳程度。

## 学习任务二 汽车内部装饰升级

### 📝 知识和技能目标

1）了解汽车内部装饰升级的项目类型及相关理论知识。

2）掌握汽车顶篷内饰装饰的工艺流程及注意事项。

3）掌握汽车仪表板装饰升级的工艺流程及注意事项。

4）掌握汽车真皮座椅升级、修复的工艺流程及注意事项。

5）掌握儿童座椅安装的方法。

6）掌握汽车地板装饰材料的选用及施工方法。

### 📝 过程与方法目标

1）灵活运用各种媒体资源查找汽车内部装饰升级的相关知识，提升获取信息和查找相关资料的能力。

2）提升自身制订工作计划、解决问题、优化决策的能力。

### 📝 素养目标

1）提升对汽车内部装饰项目作业的兴趣和职业认同。

2）体会个人专业、职业发展的重要意义，提高学习兴趣，养成良好的职业道德。

3）通过实践来培养自身良好的职业素养、工作态度和责任感。

随着我国汽车保有量的增加，尤其是中高端车型所占的比例增加，用户对汽车内饰的要求也越来越高。汽车内饰并不是简单地起到装饰作用，它还承担着阻燃、耐光、减振、隔热、吸声等功能，对车辆的舒适性和安全性起到十分重要的作用。汽车内饰对于用户来说，是亲密接触时间最长的，它的外形美观与否、舒适与否、各部件操作方便与否、对于身体健康有无损害等，都直接影响着用户的感受。

汽车内部装饰是指对车内篷壁、仪表板、地板等外表面，通过加装、更换面料及放置饰品等方法改变其外观，以营造温馨、舒适的车内环境，同时增加座椅的舒适性及儿童乘车安全性，加装儿童座椅也成为一些车主对内部装饰必选的项目之一。

## 一、汽车顶篷内衬的装饰

### 1. 顶篷内衬的种类

汽车顶篷内衬按照制造成型方式分为软顶和硬顶两种。

（1）软顶　面包车软顶内衬如图 6-2-1 所示，它一般由面料和泡沫层通过层压法或火焰法复合压制在一起成型。外层面料一般采用无纺布和 PVC 膜制造，主要起到外观装饰作用，颜色及质地选择一般要与车身内饰整体颜色和档次相协调。内层泡沫用聚氨酯或交联聚乙烯泡沫制造，主要起隔热、隔声、吸声、减振等作用。软顶内衬主要用于货车、面包车和低档轿车。

软顶内衬按照安装形式不同分为粘贴型内衬和吊装型内衬。

1）粘贴型内衬。粘贴型内衬的粘接方法一般有滚涂法粘贴和预涂法粘贴两种。用于滚涂法粘贴内衬的胶黏剂一般选择氯丁橡胶类，粘贴时使用胶滚或胶刷均匀地涂在汽车内部顶盖内表面上，静置几分钟后，将车顶内衬粘贴在指定位置上。用预涂法粘贴内衬时将压敏胶黏剂预涂在软顶的背衬上，用离析纸作为胶膜，在施工时揭去离析纸即可将软顶内衬粘贴在指定位置上。粘贴型内衬具有操作简单和成本低的特点。

2）吊装型内衬。吊装型内衬一般在背面缝上安装用的布袋或细绳，同时配备细杆以便于安装，细杆形状一般与车顶曲线相匹配。安装时，先将细杆穿过布袋或细绳，之后将细杆固定在车顶横梁上，将饰面周边用胶黏剂固定在内护板和前风窗玻璃横梁的胶条上。吊装型内衬的优点是质量轻、成本低。缺点是与金属顶盖之间缝隙较大，占用一部分室内空间，同时布袋与饰面连接处不平，易产生行车时的振颤，整体装饰效果一般。

（2）硬顶　硬顶内衬一般指成型硬顶，如图6-2-2所示。它主要由装饰面、泡沫层和基材三部分组成，通常是利用大型生产设备，用热压成型法将材料复合压制成一个整体，具有一定刚度和立体形状。硬顶内衬按照安装形式不同分为粘接式内衬与镶嵌式内衬两种。

图6-2-1　面包车软顶顶篷

图6-2-2　高档轿车硬顶顶篷

1）粘接式内衬。粘接式内衬的粘接是指在施工现场工人手持喷枪，直接将胶黏剂均匀地喷涂在硬顶背面的粘接区域内，晾置一段时间，再粘贴在金属顶盖上。

2）镶嵌式内衬。镶嵌式内衬由基材、缓冲隔热层、表皮层压制成型。基材可采用聚氨酯发泡片材、聚丙烯发泡片材、瓦楞纸、浸渍树脂的再生棉或玻璃纤维等；缓冲隔热层采用硬质聚氨酯泡沫塑料板；表皮层材料主要采用织物、热塑性聚烯烃或聚氯乙烯膜等制成。

### 2. 内衬的常用材料

（1）热塑性基材　热塑性基材经烤箱加热软化后，在常温模具中受压冷却后成型，面料可在成型前与基材复合，也可在成型时复合。

1）聚苯乙烯材料。聚苯乙烯泡沫板材双面各复合一层具有较高刚度和强度的材料。聚苯乙烯基材质量轻、成本低、成型能力强，但是隔声效果差，受热变形温度较低，不利于使用溶剂型胶黏剂与表皮面料粘接。

2）聚氨酯材料。硬质聚氨酯一般由密度高、光滑而坚韧的外表面与低密度泡沫芯制成，组成部分包括无纺布、玻璃纤维、胶膜、热塑性聚氨酯泡沫。硬质聚氨酯材料具有强度高、硬度大、胶黏量轻、热导率低、比强度高、面密度小、耐热性好和隔声、隔热效果好等优点。

3）聚丙烯材料。聚丙烯材料内饰具有较高的耐热性、抗划伤、耐冲击、刚度高、抗变形、耐老化性能好等优点。缺点是出模后收缩率低，且回弹较大。

4）热塑性聚烯烃弹性体材料。热塑性聚烯烃弹性体材料作为汽车内饰表面材料，具有密度小、无污染、材料耐热性好，耐候性、耐老化性好，有利于材料回收利用等优点。

（2）热固性材料

1）组成：以酚醛树脂为基材，将酚醛树脂、填料按比例混合，通过热模压型后交联固化成型。

2）填料：天麻纤维、木纤维、回收的棉纤维与回收的化学纤维等。

3）特点：具有形状稳定、耐热性好、强度高、可回收再利用等优点；缺点是价格太高、专业投资大、成型周期较长等。

### 3. 内衬的作用

（1）隔声　汽车在行驶过程中，车外气流引起汽车顶盖振动，振动声会向车内辐射，车顶内衬能够吸收一部分振动辐射进而起到隔声作用。

（2）降低噪声　汽车车身在设计时通常采用隔声、吸声和阻尼相结合的办法降低车内噪声。对传入车内的噪声可以采用吸声处理，由于汽车车身内饰使用吸声材料，能减弱反射声能，从而可以降低车内噪声。此外采用多孔吸声材料，吸收中、低频率噪声，使其产生共振而消耗声能。

（3）防止产生静电　抗静电性非常重要，顶篷内饰必须进行防静电处理，使静电降到较低标准，并且要求在使用过程中不能产生静电。同时不允许出现起毛、起球、吸灰等情况。

（4）阻燃　对于顶篷内饰材料的阻燃作用在国家标准中有明确的规定，内饰材料必须达到以下标准。

1）不易燃烧。

2）燃烧时速率不大于 100mm/min（燃烧速率不适用于切割试样所形成的表面）；或者从燃烧开始，火焰在 60s 内自行熄灭，且燃烧距离不大于 50mm。

3）具有使用过程中遇油、水的污染时，不易扩散的抗污染能力。

（5）装饰作用　汽车内饰应具有一定的美观性和装饰性能。

### 4. 顶篷内饰的装饰方法

（1）拆卸旧的顶篷内衬　根据顶篷的具体结构，选用合适的工具，把顶篷内衬上有关的零部件（如顶灯、空调器、支撑架等）拆下并放置好，具体参考步骤如下。

1）拆下遮阳板以及风窗玻璃和后窗四周的装饰条（如有三角窗，三角窗周围的装饰条也要拆下），如图 6-2-3 所示。

2）拆下车顶灯，如图 6-2-4 所示。

图 6-2-3　拆下遮阳板

图 6-2-4　拆下车顶灯

3）拆下密封条，如图 6-2-5 所示。

4）拆卸卡板。

5）拆下顶篷内衬，如图 6-2-6 所示。

图 6-2-5　拆下密封条

图 6-2-6　拆下顶篷内衬

6）拆下拱形架。

（2）检查内衬及顶盖　当拆下内衬后，要认真检查顶盖的内衬是何种材料、结构形式是否有损坏及损坏程度如何、能否修复。这些内容都是重新装饰时所需要的参考材料，可为制定新的装饰工艺提供依据。还要检查原护板有无损坏，如有需要进行修复，以免影响新内衬的装饰效果。

（3）顶篷内衬的装饰步骤

1）将内衬表面材料拆下，裁剪新的 PVC 材料，装饰表面内衬，如图 6-2-7 所示。

2）对顶篷护板内表面进行清洁处理，如图 6-2-8 所示。

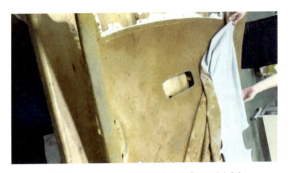

图 6-2-7　拆下内衬表面材料　　　　图 6-2-8　内表面清洁处理

3）对装饰后的内衬进行清洗处理、干燥，将新内衬安装在顶篷上，如图 6-2-9 所示。

4）安装顶篷，如图 6-2-10 所示。

图 6-2-9　安装新内衬　　　　　　图 6-2-10　安装顶篷

5）安装拆卸的顶灯、空调等零件。

6）全面清洗新顶篷，并用多功能清洁柔顺剂对顶篷内衬进行护理，使顶篷内衬焕然一新。

（4）顶篷内衬装饰的注意事项

1）整个安装过程的关键是表面材料、胶黏剂的正确选用，并与其他内饰匹配。

2）在安装过程中温度要控制好，热风枪使用时不能损坏内衬表面。

3）粘贴时产生的皱纹用电熨斗熨平，气泡用刚性的塑料刮板除去，褶皱可在胶黏剂固化之前，用塑料压板除去。

4）不要把清洗剂、胶黏剂等洒落到车窗、地板等处，必要时要对地板进行遮盖。

## 二、汽车仪表板的装饰

仪表板总成是汽车的控制中心，它的造型重点是对驾驶人操作区域的设计。现代轿车设计中，绝大多数的操纵开关都是供驾驶人专用的，所以，仪表板造型首先以驾驶人对仪表的可视性和对各种操作件的操作方便性为依据。在视觉效果上，仪表板位于室内视觉集中的部位，其形体对乘员也有很强的视觉吸引力，应强调其造型的表现效果。

### 1. 仪表板的分类

（1）按照材质分类　按照仪表板使用的材质分类，仪表板可分为硬塑仪表板、吸塑仪表板和半硬泡软质仪表板。

1）硬塑仪表板：如图 6-2-11 所示，主体通过注塑工艺制成，它具有制作工艺简单、投资低等优势，目前在中低档车中广泛使用。

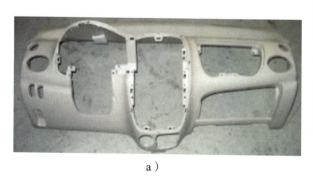
a）

b）

图 6-2-11　硬塑仪表板

2）吸塑仪表板：如图 6-2-12 所示，通过注塑或压制骨架外吸附并粘结复合表皮，使其外观有皮质感。

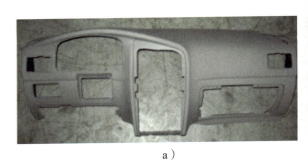

a）                                    b）

图 6-2-12　吸塑仪表板

3）搪塑半硬泡软质仪表板：如图 6-2-13 所示，结构分为三层，分别为骨架（合金基材）、泡沫缓冲层和皮层。搪塑成型的半硬泡软质仪表板近年因其花纹均匀、无内应力、设计宽容度高等特点被广泛应用，并得到客户高度认可。

图 6-2-13　半硬泡软质仪表板

（2）按安全性分类　仪表板按照安全性可分为无气囊仪表板和副气囊仪表板（针对前排乘客）。

1）无气囊仪表板：一些中低档配置的轿车只在驾驶位置配置安全气囊，前排乘客位置没有，该位置会放置一个杂物箱。

2）副气囊仪表板：一般在中高档轿车前排乘客位置配备气囊仪表板，如图 6-2-14 所示。若乘车人是儿童，或者成人未系安全带，气囊打开保护乘客的同时也可能伤害乘客，故此一些车型的仪表板气囊位置加装了开关，如图 6-2-15 所示。在气囊上方设计气囊盖板，在其打开时释放气囊。

（3）按驾驶方向分类　按照驾驶方向不同，仪表板可分为方向盘左置仪表板和方向盘右置仪表板，如图 6-2-16 所示，这主要根据整车的要求而定。

图 6-2-14　带有副气囊的仪表板

图 6-2-15　仪表板气囊开关

（4）按照仪表板结构分块形式分类

1）上下分块式仪表板：如图 6-2-17a 所示，在仪表板的上下方向中部有一条水平贯穿分割线，通过分割线把仪表板的台面分成上下两个部分，主仪表显示区一般安装在分块上部，中置控制区安装在分块的下部，并向下延伸形成副仪表板区。

2）左右分块环抱驾驶区仪表板：如图 6-2-17b 所示，在仪表板上没有横向贯

图 6-2-16　方向盘右置仪表板

通的线条，仪表显示区和中控区是紧密联系的；主仪表和空调、音响等的操控区域围绕驾驶人环抱分布，体现了很好的操控性和人机协调性。环抱区通过大的回转线条和前排乘员区的表台分离，形成左右两部分，有利于驾驶人的操控。这种类型主要用于经济型或运动型轿车。

3）左中右分块式仪表板：如图 6-2-17c 所示，它强调中控区的功能，形体上独立或呈封闭的区间，其线条不与左右的型面连接。各个功能区的划分明显，一目了然；形体上饱满圆润，可以派生出多种不同的布局方案。这种布置方式常用在小型车和概念车上。

4）中置式仪表板：如图 6-2-17d 所示，它在某种程度上取代了传统的指针式仪表板，数字读取方便，显示器占用空间小，可塑性强，把仪表布置在仪表板中间，形体新颖直观。驾驶人正前方区域不再有凸起的表罩形体，下视野良好，并能够快速了解车况信息。

a）上下分块式仪表板

b）环抱驾驶区式仪表板

c）左中右分块式仪表板

d）中置式仪表板

图 6-2-17　仪表板结构分块形式

### 2. 仪表板的装饰方法

仪表板的装饰与车型和汽车的使用情况以及车主的个人爱好有关，有些车型的仪表板凸显简朴特色，有的采用真皮装饰，有的采用桃木进行装饰，还有的采用色彩来装饰仪表板。

（1）真皮装饰　目前市场上，用真皮来装饰仪表板属于高级装饰，当然，如果是用高级真皮装饰就更高级了。一般认为用黄牛皮装饰就属于豪华装饰。宾利轿车真皮仪表板如图 6-2-18 所示。

用真皮装饰仪表板的方法如下。

1）拆下原来的仪表板表皮：根据原仪表板的情况和车型，选择合适的方法把仪表板上的各种仪表和装饰件全部拆下，进行必要的清洗并保存好。如是胶粘式的，先用热喷枪对仪表板边缘处进行加热，使胶软化，然后用通用尖嘴钳拉出人造革边，逐步向中间加热，并不断地掀起

图 6-2-18　宾利轿车真皮仪表板

旧的人造革，直到把旧的人造革全部拆下。此外，在拆下仪表板之前，还应该把仪表板上各种仪表和装饰件拆下，并将其进行必要的清洗，以备安装时使用。

2）缝制真皮仪表板：一般来说缝制一张新的仪表板表皮大体分三步。第一步是选择合适的表皮材料，通常根据原来的表皮材料，选择与原表皮材料同类型、同规格的材料即可。如车主要求提高车辆的档次，可选用高级的材料。第二步，裁剪并缝制新表皮，这时也要参照原表皮的尺寸。把表皮裁剪好需要裁剪师具有丰富的经验。第三步，在完成新表皮的裁剪和制作后，必须进行检查。检查的方法就是把新表皮进行试贴，看其是否能够很好地贴合。要通过多次试贴和修改才能达到平整的目的。

3）粘贴仪表板表皮：粘贴仪表板表皮时，要注意选择合适的胶黏剂，常选用汽车通用的胶黏剂进行粘贴，要保证粘贴质量。先在仪表板的填充层表面均匀地涂一层胶黏剂，等到用手触摸表面不粘手时，便可将仪表板的表皮对准，从中部开始向两边逐一展开，一手拉着表皮，一手轻压表皮与填充层表面接触，贴合无差异时，再用手压表皮与填充层表面，压实填平，并把边缘转折到内侧粘贴牢固。达到表皮粘贴位置正确、无气泡、无皱纹、表面光滑、平整无划痕的要求时才算粘贴成功。

4）安装仪表板：当粘贴后的仪表板表皮完全固化后，按拆下时的反向工序，把仪表板固定在车身上，然后装上各种仪表和其他附件及装饰件等，完成安装。安装完成后还要进行清洗护理，要注意选用合适的清洁剂，然后用软抹布清洗污渍。清洗护理的方法与汽车美容部分完全一样。

（2）桃木装饰　在汽车仪表板装饰中，目前使用桃木装饰已成为一种趋势。桃木具有纹理优美、坚韧、不会变形等特点，成为中高档轿车内饰材料的首选，特别在仪表板装饰中，能凸显回归自然的特色。国内外均有多款车型采用桃木来装饰仪表板。因桃木的处理工艺相当精细和繁琐，市面上出现了仿桃木，选用时要注意，否则不但达不到理想的装饰效果，而且可能适得其反。图6-2-19所示为劳斯莱斯轿车桃木装饰的仪表板。

此外，仪表板的色彩运用对装饰效

图6-2-19　劳斯莱斯轿车桃木仪表板

果起着巨大的作用，例如，高贵的橘黄色，稳重的深色，传统的灰色等。色彩在汽车内饰中会给人以最直观的冲击力，要重视色彩营造的氛围。

### 3. 仪表板装饰时的注意事项

1）在仪表板装饰时要结合车辆的实际情况进行，避免低档车进行豪华装饰和高档车进行低水平装饰。

2）要与内饰协调，与其他内饰相和谐，绝不能影响到整个内饰的装饰效果，毕竟仪表板只是整个内饰的一部分。

3）装饰方法和仪表的选择都要慎重，要根据车辆的实际情况来选择合适的装饰方法并选用合适的仪表。由于汽车的各种仪表具有特定的功能和使用条件，只有具有相当技能的人员才能正确进行汽车仪表的布置、安装、调试，否则不但达不到装饰的目的，还可能适得其反，导致事故的发生。

4）装饰过程中要选用合适的胶黏剂，仔细阅读各种胶黏剂的使用说明书，然后根据实际需要选用满足使用条件的胶黏剂。如没有把握，可先用少量的胶黏剂来试用，看其是否满足要求。当发现确实能够满足使用要求时再使用它。

5）汽车仪表板的装饰中，表面装饰很重要，用真皮或桃木装饰仪表板会给人一种华贵、气派的感觉。

## 三、汽车座椅的装饰与升级

汽车座椅基本上都是由汽车配件厂专门生产的。座椅的主骨架和形体，一般是按人体工程学原理，以保证乘坐舒适、安全而设计的，其基本结构为复合型。座椅装饰主要集中在座椅的表层，主要是对表层材料的选用和加工制作。表层材料主要采用棉毛纺织物、化纤及混纺等纺织物和皮革等。目前，以化纤、混纺物和人造革使用得最为广泛，以真皮装饰最为豪华。

### 1. 座椅的分类

按照座椅表层的材料分类，主要有纺织布料座椅、人造革座椅和真皮座椅；按照座椅的使用功能分类，可分为驾驶人座椅、乘客座椅、儿童座椅三种；按照座椅的结构与车型用途分类，可分为轿车座椅和客车座椅。

（1）驾驶人座椅 驾驶人座椅如图6-2-20所示，安装在驾驶人的座位处。驾驶人在开车时必须集中精力，始终注视前方，灵活机动处理各种交通路况。

为了有利于驾驶人的驾车，对座椅的舒适性和方位（高低、前后、左右）的可调整性要求较高。因此，驾驶人座椅总成的机构复杂，且多数是电动调节的，又称为电动座椅。

（2）乘客座椅　乘客座椅如图 6-2-21 所示，要求乘坐舒适，这方面与驾驶人座椅要求一样，但对调整方面无过多要求。一些乘客座椅有角度调整机构，即俯仰角度可在一定范围内调整，以期达到提高乘客舒适性的目的。

图 6-2-20　驾驶人座椅

图 6-2-21　乘客座椅

（3）儿童座椅　儿童座椅是一种专为不同年龄（或体重）儿童设计、安装在汽车内、能有效提高儿童乘车安全性的座椅。世界卫生组织的研究数据表明，在使用儿童安全座椅后，婴儿死亡率将降低约 70%，1~4 岁低龄儿童死亡率将降低 54%，4~7 岁儿童的住院伤害率将降低 59%。另外，根据《中国儿童道路交通安全蓝皮书（2018）》中数据显示：发生车祸时，汽车内未安装儿童安全座椅情况下，孩子交通事故的死亡率，是安装了儿童安全座椅的 8 倍，受伤率是后者的 3 倍。

我国交通法规规定，4 岁以下儿童必须使用儿童安全座椅，12 岁以下儿童不得坐于前排乘客座位。此外，2021 年 6 月 1 日正式实施的《未成年人保护法》第十八条明确规定监护人应当"采取配备儿童安全座椅、教育未成年人遵守交通规则等措施，防止未成年人受到交通事故的伤害"。儿童约束系统有四个阶段，如图 6-2-22 所示。

第一阶段（反向儿童安全座椅）：1 岁以下（体重 0~13kg）的婴幼儿应使用反向儿童汽车安全座椅，由椅背、靠垫、颈部安全枕提供保护，安全座椅会最大程度吸收冲击力。

第二阶段（正向儿童安全座椅）：1~4岁（体重9~18kg）的儿童要换上正向儿童座椅，座椅内的约束带要正确约束儿童。随着孩子的成长，只要孩子的体重不超过座椅的承重或者身高不超过约束带所能约束的长度，就应该尽量使用这样的座椅。

第三阶段（有靠背或无靠背的加垫座椅）：4~12岁儿童（体重15~36kg，身高145cm以下）需要使用加垫座椅，并确保安全带肩带在儿童肩上，跨在儿童胯部。

第四阶段（成人安全带）：12岁以上的儿童（体重36kg以上，身高145cm及以上）使用成人安全带时，要保证成人安全带的约束位置在儿童的肩部和胯部，可以背对座椅坐着，让脚平稳落地，全程保持这样的坐姿。

a）反向儿童座椅　　　b）正向儿童座椅　　　c）有靠背的加垫座椅　　d）无靠背的加垫座椅

**图 6-2-22　　不同阶段的儿童约束系统**

### 2. 座椅的装饰

在座椅的装饰中，可以通过功能扩展、加装精品等方式来提高座椅的装饰性和使用性。

在具体进行座椅装饰前，应先根据车型状况进行分析。对于豪华车而言，座椅本身已比较高档，没有再装饰的必要和余地，只有当装饰旧了或坏了，方可按原样重新装饰；对于中低档车而言，使用一段时间后，对座椅的装饰不满意，或因陈旧、破损，需要重新装饰以提高车辆的装饰档次时，可选用真皮装饰座椅。

（1）真皮座椅的鉴别　真皮座椅可提高汽车内部的装饰档次，而且真皮不像绒布、纺织品装饰座椅那样易污，灰尘落在其表面，不会堆积在座椅深处。在夏天，真皮的散热性好，能给人提供比较舒适的乘车环境。但是使用时要小心，以防尖锐物划伤真皮表面。此外，真皮座椅受热后易出现老化现象，需及时护理，护理不当也会导致过早老化，表面失去光泽，甚至开裂。真皮座椅的鉴别方法有以下几种。

1）燃烧法鉴别：真皮不易燃烧，特别是牛皮更难燃烧，而人造革很容易燃烧。

2）按压法鉴别：对做好的座椅，可用食指按压表面，压住不放，看是否有许多皮纹向按压处延伸，如有这种现象出现说明座椅是真皮做的，如无此现象说明是人造革做的。

3）延展性法鉴别：定做装饰时，可找制作时的一块边角材料进行检查，拉一下材料看其是否有较好的延展性和回弹性。如有，说明是人造革，因为真皮的延展性和回弹性都较差。

4）断面形状法鉴别：真皮材料的表面结构紧密，可见毛孔，内层粗糙，可见一些纤维状层纹，纤维不易拉出。人造革表面层光滑细密，无毛孔，而内层粗糙，可见整齐切割的断面，其纤维比真皮纤维粗而长。

（2）真皮座椅的装饰　在所有汽车装饰用品中，真皮座椅是提高车辆档次的首选。真皮座椅是不需要用水来清洗的，脏了只要用清洗剂擦拭一下就会焕然一新，擦拭后让座椅马上晾干，也不会对皮质造成损坏，所以越来越多的车主改装真皮座椅。简单地说，真皮座椅制作分为八个过程：拆卸、制板、裁剪、跑里、缝合、上包、修整、交工。

1）拆卸：如图 6-2-23 所示，加装真皮座椅的汽车，第一步是安全地把车上的原有座椅拆卸下来。这个程序不需要很高的技巧，但对于某些车型需要注意安全，要弄清气囊的位置，然后动作尽量放轻，避免出现对气囊的撞击。接下来将原来座椅的绒布套拆下，露出座椅内部的海绵。

图 6-2-23
拆卸座椅

2）制板：如图 6-2-24 所示，座椅及座椅原有包面拆卸下来以后，接下来要做的是制板。板型的制作是最为关键的一步，这需要很高的技术。技师会根据原车的绒布套、座椅的形状以及座椅海绵的形状，进行详细分析和比较，一步步制作出大小不一的"板"。这个过程非常复杂，也非常费时。一

图 6-2-24　制板

套真皮座椅由几十块"板"组成，但当"板"制作成形后，以后同样型号的座椅就不需要再进行制板了。一般内饰定制店里大部分车型的座椅都有板型，所以这一步基本可以略过。

3）裁剪：如图 6-2-25 所示，裁剪就是裁皮，即把一整张真皮按照板型进行裁剪。这个步骤需要具备一定技术和功底的技师才可以完成，有经验的技师知道皮面的挑选以及板型的搭配，同时也能让皮料得到合理的利用。

4）跑里：皮面裁好以后，要在皮里（皮面的内侧）面加一层海绵，海绵要先用机器缝合在皮料上，行业内称为"跑片儿"。

5）缝合：如图 6-2-26 所示，把准备好的皮面按照固定的位置缝合到一起。这是所有程序中最看重技术的一项，一般客户都会看皮椅明线是否平直、匀称，要保证皮椅外露的明线绝对平直。

图 6-2-25　裁剪

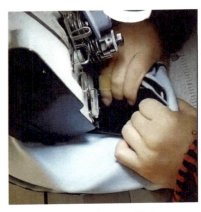
图 6-2-26　缝合

6）上包：如图 6-2-27 所示，把已经缝合好的各个部位的真皮套在座椅上，然后通过卡钉、卡条、钢筋、铁丝等物品与座椅进行固定，之后再用手进行拍打、抚平。真皮座椅不能在其表面有褶皱，这与板型是否合适有很大关系。由于真皮比较厚且硬，合适的板型也很难完全做到一点褶皱也没有，因此上包这个步骤包括去褶皱。

7）修整：如图 6-2-28 所示，包好的真皮座椅应进一步完善和修整，使座椅达到近乎完美，因此需进行最后的修饰工作。

8）交工：最后检查是否有未尽环节，检查无瑕疵以后确认交工。

（3）用汽车坐垫来装饰座椅　给汽车座椅加装坐垫可以提高乘坐的舒适性，改善乘坐的透气性。

图 6-2-27　上包

图 6-2-28　修整

　　夏季使用的汽车坐垫有用竹藤编制的，也有用冰丝、玉石、兰草制作的。它们有的装饰性强，有的舒适，有的耐用，可以根据个人需求和购买能力来决定。但不要只以价格作为衡量标准，要从外观、材质、做工、衬布及舒适性和实用性来全方位考虑。

　　冬季使用的汽车坐垫，从质地上看有普通绒垫、人造毛坐垫以及高档的羊毛坐垫。普通绒垫档次较低，容易掉毛，造价低廉。人造毛坐垫价格适中，大部分车主都能接受，适合普通家庭轿车使用。比较高档的汽车羊毛坐垫又分平绒、高低绒和长毛绒三种。平绒也就是平常说的羊剪绒，适合中高档车使用。其特点是手感好，毛茸茸的，一看就觉得有股暖意。高低绒坐垫的中间是平绒，两边是长毛。图 6-2-29 所示为各类精品汽车坐垫。

a）四季通用坐垫

b）冬季毛绒坐垫

c）夏季玉石坐垫

d）夏季竹藤石坐垫

图 6-2-29　不同类型的汽车坐垫

## 四、真皮座椅的翻新与修复

　　汽车真皮座椅由于受汗渍、雨水、衣裤或其他污染，致使皮革氧化、老旧，甚至出现烫洞、划伤、裂口、龟裂、褪色等情况。真皮座椅翻新修复可对座椅皮质出现的局部划伤、掉色、龟裂、老化等问题进行最大限度的修复，而且经修复、翻新的皮革能够保证皮革的弹性及良好的透气性能。修复后的真皮表面基本无瑕疵，不影响美观，可以正常使用，如图6-2-30所示。

a）翻新前                              b）翻新后

**图6-2-30 真皮座椅翻新前后对比**

### 1. 无缺失与轻微缺失皮革的修复方法

（1）操作准备 操作人员必须穿戴防护用品（口罩、护目镜、防护手套、围裙），整理准备修复用的工具设备和用品，于通风良好处施工。

（2）清洗

1）用气管配合干毛巾先将表面灰尘、脏物清理干净，再用无尘布配合皮革清洗剂对皮面进行全面擦洗，彻底清除污渍。

2）用湿毛巾擦拭残液，注意皮面缝隙及死角的清洁。

（3）无缺失补伤

1）首先判断划伤部位的皮革有无缺失。

2）用修复工具蘸取少量皮革专用胶水，涂抹于皮革受损部位。

3）将翘起的皮革按压平整即可。

4）观察修补部位的皮革是否整齐、牢固（皮革专用胶水表面干燥约需5min，初步固化约需24h，完全固化需48~72h）。

（4）轻微缺失补伤

1）首先判断划伤部位的皮革有无缺失。

2）用修复工具蘸取少量皮革胶水，将未缺失的皮革粘连至皮革受损部位。

3）用600目砂纸轻轻打磨受损区域，用小刮刀取出少量的补伤膏（视情况而定选择快干型或者慢干性）修补破损处（皮革缺失部位）。

4）修补后可以自然晾干（温度 15℃）或者烘干（吹风筒），待完全干燥后用 800 目或 1000 目砂纸对补伤处轻轻打磨。

5）检查补伤处平整度，如果低于皮面平整度，需要再次涂抹补伤膏，干燥后再次打磨，直到补伤处与皮面平整度完全一致。

（5）调色　汽车内饰皮革漆需根据三原色原理，调配相应的色系，搅拌均匀，在需修复皮革的隐蔽处对比颜色是否接近。

（6）贴护　使用遮蔽膜将不需要喷涂的部位遮蔽起来，防止未受损的皮面被污染。

（7）试色　取适量色浆，用 400 目滤纸过滤后倒入喷枪，均匀地喷涂于受损部位。

（8）复制皮纹　对皮革破损处需要进行皮纹复制。有皮纹的皮革，可以通过调小喷枪的出气量使其喷出颗粒状色浆，待色浆干燥后对比颜色，要求颗粒大小与被修复的皮革纹路相似，颜色一致。最后用 1500 目砂纸将色浆颗粒打磨至与皮纹高度相同，不需要皮纹复制的可忽略此操作。

（9）喷涂

1）将已修复的部位清理干净，上色前需使用去膜剂擦拭皮革表面，增加色浆的附着力，谨防后期脱落。

2）色浆与皮革固化剂按照 10：2 比例混合均匀，放置 5min，用 400 目滤纸过滤后倒入喷枪，待其达到 9 成干燥时喷涂上色。将喷枪调节为小扇面，采用十字交叉的喷涂方法进行喷涂上色，漆膜不宜过厚，待第一遍干透后用 2000 目砂纸轻轻打磨，打磨过后将表面清理干净再喷涂第二遍。

（10）固定

1）取出适量的皮革固定剂与皮革固化剂按照 10：1 比例混合均匀。

2）放置 5min 后用 400 目滤纸过滤待用。

3）优先喷涂磨损修补处，保证及时固定皮面色彩，喷涂时漆面不宜过厚。

4）采用十字交叉方式喷涂，喷涂时应降低气压，出气量略高，雾化效果较小，以保证漆雾不会乱飞。

（11）整理工具　修复完成后，去除遮蔽膜，将修复工具整理整齐，并将喷枪、修复工具清理干净，喷涂用品密封存放。

### 2. 直线型裂面（图6-2-31）的修复方法

（1）操作准备　操作人员必须穿戴好防护用品（口罩、护目镜、防护手套、围裙），整理准备修复用的工具设备和用品，于通风良好处施工。

（2）清洗

1）用气管配合干毛巾先将表面灰尘、脏物清理干净，再用无尘布配合皮革清洗剂对皮面进行全面擦洗，彻底清除污渍，如图6-2-32所示。

2）用湿毛巾擦拭残液，注意皮面缝隙及死角的清洁。

　　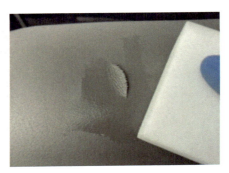

图6-2-31　直线型裂面　　　　　　　图6-2-32　清洗

（3）补伤

1）首先判断划伤部位皮革的受损程度。

2）取出适量的定型布（有弹力没拉力），根据直线型裂面的长度裁剪出合适的尺寸（定型布实际尺寸要大于裂面长度），用镊子平铺至裂口底部。用修补工具或者小铲子蘸取适量的皮革专用胶水，将定型布与皮面（未受损的皮面）粘合平整，如图6-2-33所示。

3）用修补工具或者小铲刀取出适量的皮革专用胶水，在裂面背部涂抹均匀（不宜过多，多余的皮革胶水必须擦拭干净）与定型布粘合压实。

4）用小铲刀或者修补工具取出适量慢干型补伤膏，对裂面接口处进行涂抹。

5）修补后可以自然晾干或者烘干，如图6-2-34所示。待完全干燥后使用800目或1000目砂纸对补伤处轻轻打磨，如图6-2-35所示。

6）检查补伤处平整度，如果低于皮面平整度，需要再次涂抹补伤膏，干燥后再次打磨，直到补伤处与皮面平整度完全一致。

（4）调色　汽车内饰皮革漆需根据三原色原理，调配相应的色系，搅拌均匀，在需修复皮革的隐蔽处对比颜色是否接近。如图6-2-36所示。

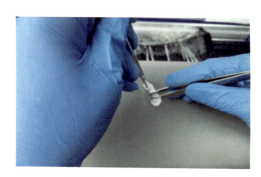

图 6-2-33　平贴粘合

图 6-2-34　晾干

图 6-2-35　打磨

图 6-2-36　调色

（5）贴护　使用美纹纸、遮蔽膜将不需要喷涂的部位遮蔽起来，防止未受损的皮面被污染，如图 6-2-37 所示。

（6）试色　取出适量色浆，用 400 目滤纸过滤后倒入喷枪，利用喷枪均匀地喷涂于受损部位，如图 6-2-38 所示。

图 6-2-37　贴护

图 6-2-38　试色

（7）复制皮纹　对皮革破损处需要进行皮纹复制。有皮纹的皮革，可以通过调小喷枪的出气量使其喷出颗粒状色浆，待色浆干燥后对比颜色，要求颗粒大小与被修复的皮革纹路相似，颜色一致。最后用 1500 目砂纸将颗粒打磨至与皮纹高度相同，不需要皮纹复制的可忽略此操作，如图 6-2-39 所示。

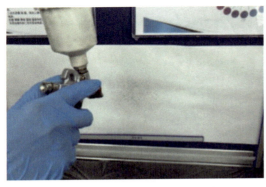 

图 6-2-39　复制皮纹

（8）喷涂

1）将已修复的部位清理干净，上色前需使用去膜剂擦拭皮革表面，增加色浆的附着力，谨防后期脱落。

2）色浆与皮革固化剂按照 10：2 比例混合均匀，放置 5min，用 400 目滤纸过滤后倒入喷枪，待其达到 9 成干燥时喷涂上色。将喷枪调节为小扇面，采用十字交叉的喷涂方法进行喷涂上色，漆膜不宜过厚，待第一遍干透后使用 2000 目砂纸轻轻打磨，打磨过后将表面清理干净，再进行第二次喷涂。

（9）固定

1）取出适量的皮革固定剂与皮革固化剂按照 10：1 比例混合均匀，如图 6-2-40 所示。

图 6-2-40　调配

2）放置 5min 后用 400 目滤纸过滤待用。

3）优先喷涂磨损修补处，保证及时固定皮面色彩，喷涂时漆面不能过厚。

4）采用十字交叉方式喷涂，喷涂时应降低气压，出气量略高，雾化效果较小，以保证漆雾不会乱飞。

（10）整理工具　修复完成后，去除遮蔽膜，将操作工具整理整齐，并将喷枪、修复工具清理干净，喷涂用品密封存放。最终修复效果如图 6-2-41 所示。

### 3. 烫洞的修复方法

图 6-2-41　最终修复效果

（1）操作准备　操作人员必须佩戴防护用品（口罩、护目镜、防护手套、围裙），整理准备修复用的工具设备和用品，于通风良好处施工。

（2）清除污渍　用海绵配合皮革清洗剂对皮面进行全面清洗，彻底清除污渍。

（3）补伤

1）去皮。对于烫伤比较严重的皮革，首先用成形尺和手术刀在受损的皮面上切出一个圆坑，如图 6-2-42 所示。

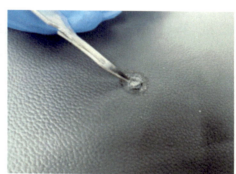

图 6-2-42　去皮补伤

2）打版。将塑料片平铺于圆形受损处上方，用马克笔在塑料片上画出受损形状，将备用皮革取出，用修补刀按照马克笔所绘形状大小裁剪备用（裁剪面积宜小不宜大），如图 6-2-43 所示。选取的皮革纹路需与皮面受损处的纹路一致，如有差异可用 600 目砂纸磨掉选取的皮革上的纹路，纹路可以后期用纹路复制膏进行修复。选取的皮革颜色不一致，可以通过后期喷涂来调整。

3）定型。取出适量的定型布（有弹力没拉力），根据圆坑的大小裁剪出合适的尺寸（定型布实际尺寸要大于圆坑），用镊子平铺至受损处底部。用修补工具或者小铲子蘸取适量的皮革专用胶水，将定型布与皮面（未受损的皮面）粘合平整。

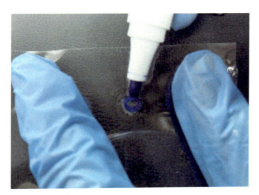
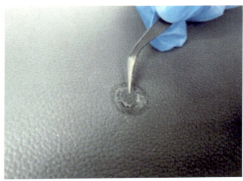

图 6-2-43 补伤打版

4）植皮。使用修补工具或者小铲刀取出适量的皮革专用胶水，均匀涂抹于裁剪好的皮革（圆形）背面（不宜过多，多余的皮革专用胶水必须擦拭干净），然后将皮革与定型布粘合压实。

5）补伤。在慢干型补伤膏中加入少量的强力黏合剂和色膏搅拌均匀，用小铲刀或者修补工具涂抹于裂面接口处，如图 6-2-44 所示。

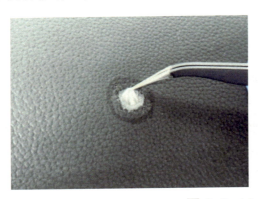
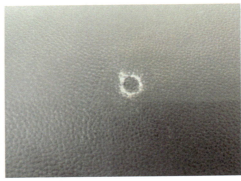

图 6-2-44 补伤定型

6）打磨。修补后可以自然晾干（温度 15℃）或者烘干（吹风筒），待完全干燥后使用 800 目或 1000 目砂纸对补伤处轻轻打磨。

7）查验。检查补伤处平整度。如果低于皮面平整度，需要再次涂抹补伤膏，干燥后再次打磨，直到补伤处与皮面平整度完全一致，如图 6-2-45 所示。

（4）调色 汽车内饰皮革漆需根据三原色原理，调配相应的色系，搅拌均匀，在需修复皮革的隐蔽处对比颜色是否接近。根据破损位置的大小调配适量的色膏，过多会造成原材料的浪费，过少需重复调配。

（5）贴护 使用遮蔽膜将不需要喷涂的部位遮蔽起来，防止未受损的皮面被污染。

（6）试色　取出适量色浆，用 400 目滤纸过滤后倒入喷枪，利用喷枪均匀地喷涂于受损部位。

（7）复制皮纹　对皮革破损处需要进行皮纹复制。有皮纹的皮革，可以通过调小喷枪的出气量使其喷出颗粒状色浆，待色浆干燥后对比颜色，要求颗粒大小与被修复的皮革纹路相似，颜色一致。最后用 1500 目砂纸将颗粒打磨至与皮纹高度相同，不需要皮纹复制的可忽略此操作，如图 6-2-46 所示。

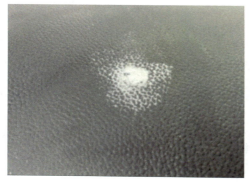
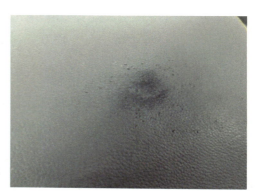

图 6-2-45　查验　　　　　　　　图 6-2-46　复制皮纹

（8）喷涂

1）将已修复的部位清理干净，上色前需使用去膜剂擦拭皮革表面，增加色浆的附着力，谨防后期脱落。

2）色浆与皮革固化剂按照 10：2 比例混合均匀，放置 5min，用 400 目滤纸过滤后倒入喷枪，待其达到 9 成干燥时上色喷涂，如图 6-2-47 所示。将喷枪调节为小扇面，采用十字交叉的喷涂方法进行喷涂上色，漆膜不宜过厚，待第一遍干透后用 2000 目砂纸轻轻打磨，打磨过后将表面清理干净，进行第二遍喷涂。

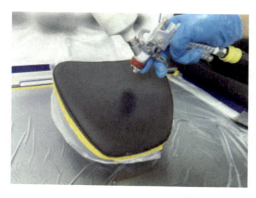

图 6-2-47　喷涂修复

（9）固定

1）取出适量的皮革固定剂与皮革固化剂按照 10∶1 比例混合均匀。

2）放置 5min 后使用 400 目滤纸过滤待用。

3）优先喷涂磨损修补处，保证及时固定皮面色彩，喷涂时漆面不宜过厚。

4）采用十字交叉方式喷涂，喷涂时应降低气压，出气量略高，雾化效果较小，以保证漆雾不会乱飞。

（10）整理工具　如图 6-2-48 所示，修复完成后，去除遮蔽膜，将操作工具整理整齐，并将喷枪、修复工具清理干净，喷涂用品密封存放。

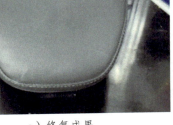

a）修复成果　　　　　　　　　　b）整理工具

**图 6-2-48　修复成果与整理工具**

## 五、儿童座椅的安装

### 1. 儿童安全座椅的固定方式

儿童安全座椅主要的固定方式分为欧洲标准的 ISOFIX 固定方式、美国标准的 LATCH 固定方式和安全带固定方式三种，如图 6-2-49 所示。

（1）ISOFIX 固定方式　ISOFIX（International Standards Organization FIX）是欧洲从 1990 年开始设计实施的一种针对儿童安全座椅接口的标准。在欧洲地区销售的车型都会将这个接口作为标准配置，在国内也有一部分汽车厂家提供了这种接口的配置，该配置的特点就是具有两个与儿童座椅进行硬连接的固定接口。

（2）LATCH 固定方式　从 2002 年 9 月 1 日开始，美国规定所有种类的轿车必须提供 LATCH（Lower Anchors and Tethers for CHildren）系统的儿童安全座椅固定方式。它与 ISOFIX 固定方式最大的区别是连接方式并不是硬连接而是以挂钩方式连接，并且固定点比 ISOFIX 多一个，一共三个。

（3）安全带固定方式　使用安全带来固定儿童安全座椅的好处是通用，只要有安全带就行。不过这种固定方式经常容易松动，所以需要不时地去检查座椅是否牢固。

a）ISOFIX 固定方式　　　　b）LATCH 固定方式　　　　c）安全带固定方式

**图 6-2-49　儿童安全座椅主要的固定方式**

### 2. 儿童座椅的安装

1）找到后排座位下的 ISOFIX 接口固定装置，有的车型直接可以看到，有的则隐藏在坐垫和靠垫中间，如图 6-2-50 所示。

ISOFIX 儿童安全
座椅接口标识

**图 6-2-50　ISOFIX 接口**

2）将座椅放于后座上，将安全座椅两侧的 ISOFIX 装置推出，并对准固定接口。抓住座椅前部，用力向前推以便锁定连接杆，当听到"咔嗒"声，或推动器出现绿色线条时，代表连接成功，如图 6-2-51 所示。

3）在后排座椅头枕后或后座背面找到 LATCH 固定接口，并将顶带与其连接，如图 6-2-52 所示。

4）安装完成。

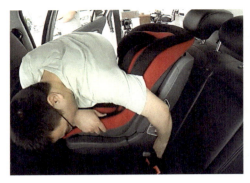

图 6-2-51 锁定连接杆

图 6-2-52 连接 LATCH 固定接口

## 六、地板装饰材料的选用

### 1. 地板装饰材料选用的原则

对地板的装饰，主要是因为原地板陈旧或损伤需要装饰，可参照原地板使用的材料、色泽和构造，采用适当的方法进行装饰。若是为了提高原车装饰档次，可在内饰改装的同时，对地板进行改装。

### 2. 地板装饰材料色泽的选用

地板装饰的颜色，最常用的是深灰色和红色。深灰色的地板，可使车内有一种洁净舒适的感受；红色的地板，给人以兴奋的感受。在选择装饰材料的颜色时，还应考虑侧围、顶篷和座椅等的颜色，使整个内饰的色泽统一、和谐。

### 3. 脚垫装饰的作用

如图 6-2-53 所示，汽车脚垫能吸水、吸

图 6-2-53 汽车脚垫

尘、去污，可以有效防止鞋底残留的水分、脏物造成与离合器踏板、制动踏板和加速踏板间的滑动，消除安全隐患，降低内饰被污染和损坏的可能性。

### 4．汽车脚垫的材质

目前市场中汽车脚垫的材质大致可以分为以下六大类，如图 6-2-54 所示。下面介绍这几类材质的优缺点，方便选择。

（1）亚麻脚垫

1）优点：价格便宜。

2）缺点：清洗后容易起毛，而且清洗几次之后会变形，导致脚踩上去脚垫表面深陷下去，影响舒适性。为避免滑动建议经常更换。

（2）皮革脚垫

1）优点：舒适柔软、高端大气、防滑耐磨，是一种性价比比较高的脚垫。

2）缺点：容易被泥水弄脏，不易清洗。

（3）橡胶脚垫

1）优点：橡胶脚垫与塑料脚垫一样，清洗都很方便。橡胶脚垫在温度变化比较大的情况下不容易变形，冬季和夏季使用都适宜。

2）缺点：味道较重。

（4）尼绒脚垫

1）优点：有绒质和纯羊毛两种。手工产品，价格一般较高。

2）缺点：不容易打理。

（5）PVC 脚垫

1）优点：容易清洗。

2）缺点：冬季容易变硬，会滑动，部分产品原材料质量不可控，味道重。有种喷丝脚垫也是 PVC 材质，杂物、灰尘进入后非常不容易清理，并且价格高。

（6）丝圈脚垫

1）优点：吸污能力强、容易清洗、适合一年四季使用。丝圈脚垫的丝条结构，能将灰尘和脏物有效控制在脚垫内部，因此丝圈脚垫的吸污能力很强。而且丝圈脚垫不容易出现打滑的问题，把丝圈脚垫铺在车内会给人一种高档的感觉。

2）缺点：覆盖面偏小。

a) 亚麻脚垫　　　　　　　　　　　　b) 皮革脚垫

c) 橡胶脚垫　　　　　　　　　　　　d) 尼绒脚垫

e) PVC 脚垫　　　　　　　　　　　　f) 丝圈脚垫

图 6-2-54　不同类型的汽车脚垫

## 七、汽车地毯铺装

### 1. 拆除旧地毯

　　大多数车辆的地毯很好拆除，从车门框上拆下防磨板，拉出地毯即可。但也有的车辆须拆下座椅、安全带和松开脚踏板后才能拆下。拆除时应当注意，不管地毯与何处相连都不要硬拽，应先拆下连接件，然后想办法拆下旧地毯，视具体情况而定。

### 2. 加衬垫

一般车用地毯下面都有衬垫，生产厂和零配件市场的成型地毯背面自带衬垫。对于不带衬垫的地毯必须另行制作衬垫，然后把它粘到地板上。地板的衬垫主要有三种：黄麻纤维毡、泡沫塑料和再生材料产品。再生材料是环保型产品；13mm 厚的泡沫塑料板也很好用，它能形成双向曲面而不会出现折痕；黄麻纤维毡隔离性能好，但价格高。

用泡沫塑料制作地毯衬垫，应首先测量地板横向和纵向的尺寸，然后在每个方向上增加 20% 的余量，按此计算结果进行剪裁。剪裁完毕后，把泡沫塑料铺好，剪去多余的部分。粘贴时，只要在泡沫塑料的背面和地板上喷些胶，然后按下并粘贴即可。另一侧，也用同样的方法进行处理。用黄麻纤维毡和再生材料产品制作地板的衬垫，需分三片来做。一片用于曲面的凸起部位，两片用在两侧的地板上。地板表面不平或有较大的深坑时，每一个深坑部分都需单独进行外理。如果感觉衬垫较薄，可在第一层上面再加一层泡沫。把衬垫粘贴到地板上之前要确定已为座椅框架和安全带开好了孔。在把衬垫平整地与地板贴牢后，即可测量、剪裁、调整和缝纫地毯。

### 3. 地毯的调整与安装

剪裁、调整和安装地毯的工作通常从变速器的隆起部分开始，然后分别向驾驶人侧和乘客侧进行。以北京现代伊兰特为例，测量变速器隆起处的面积，纵向尺寸从驾驶室前隔板量到后边座椅的底部，横向尺寸从一侧量到另一侧，并在测量结果上加 153mm。测量驾驶人和乘客侧的地板面积时，前后距离也是前到隔板，后到座椅底部。大多数车辆的座椅不能完全遮住其到车门之间的地板，所以此处地毯要一直铺到座椅的后面，也可以另用一小块地毯铺到此处。

从地毯卷上剪下三块面料，一定要保证地毯的绒毛倒向一致。为了便于记住绒毛的方向，在面料的顶边或是面向仪表板的一边画上一条线。这样只要线对齐了，三块地毯上的绒毛方向就一致了。首先，将一块地毯放在变速杆的前方，留出足够盖住驾驶室前隔板的余量，使地毯位于中央位置。地毯盖过隆起部位后，分别在驾驶人和乘客侧各留出 76mm 的余量；然后，把紧靠变速杆前方的地毯对折，用刀片剪一个开口，大小能使变速杆手柄刚好通过。

把地毯套过变速杆后，在原来开口的基础上切出放射形开口，使其能穿过变速杆的护套。最后剪掉多余的地毯，并把毛边压到护套的下方。如果装饰的汽车有中央控制台，也要从中间的隆起部位开始，做完一侧再做另一侧。地毯一定要留出适当的宽毛边，以使控制台的装饰边能够盖住它。

安装离合器外壳隆起部位的地毯要一直延续到仪表板。安装时把地毯在隆起处向右折出一个折痕，从乘客处的底部到驾驶人侧的底部标记出一条折痕；然后，用刀片沿这条线进行切割。把整块地毯放在缝纫机上，在切口边缘缝制一条镶边，但前边的毛边不要缝制。当对一切都满意后，便可粘牢地毯，并把其他侧的地毯放置好，在前边画一条线。沿45°角一直剪到隆起处接缝的开始端，把地毯折起，然后沿隆起边缘画线。在切口前把地毯片折起，在背面画出一条线直到地板的前边缘，再把地毯取出，沿画出的线修剪地毯的边缘，并进行缝合，然后再粘贴上地毯。在粘贴前，一定要在座椅架和座椅安全带固定架处进行开口。如果没有开口就进行粘贴，很难精确地切割出孔的位置。

最后，铺驾驶人处的地毯。驾驶人侧地毯的裁剪缝制和调整安装与乘客侧地毯的裁剪缝制和调整安装几乎相同。只是在一些老式的汽车上，操纵踏板（如加速踏板、离合器踏板、制动踏板）与地板相连或从地板孔中穿过，这些地方应当对齐并调整好。拆下加速踏板后，在地毯上切出一个和操纵杆相同的小孔，让操纵杆穿过地毯，把踏板安装在地板上。如果踏板穿过地板，必须在每个踏板前面各切出一条长缝，然后，用包边材料把这些切缝边包起来。在拐弯地方应裁剪出剪口，缓解张力。

## 课程育人 6

汽车装饰与美容行业正经历着前所未有的发展契机，有着美好的发展前景，掌握好这个技能有一定的发展前景，但是也要有创新的精神，因为社会在进步，时代也在进步。

学生要在规范操作流程的前提下，培养创新思维，思考挑选最优解决方法，养成善于思考问题、解决问题的能力，满足日益多样化的消费者需求。通过实践训练，体现团队协作、规范操作、爱护汽车的精神，帮助学生树立严谨踏实的工作态度和钻研创新的决心，将越来越多的智能化、个性化功能加入汽车的装饰升级之中，引领潮流。

## 复 习 题

### 一、填空题（30分）

1. 车身大包围又称为"空气扰流组件"，通常指车身下部宽大的裙边装饰，一般由（    ）、（    ）、（    ）、轮眉、挡泥板和门饰板组成。

2. 连接板与车身前裙板连成一体，中间开有合适的进风口以加大气流量，降低车底气压，这种连接板就是（    ）。安装在轿车行李舱上类似鸭尾的凸出物，用于阻滞从车顶冲下来的气流形成向下的作用力，这种凸出物就是（    ）。

3. 保险杠按材料可以分为钢板保险杠、（    ）、铝合金保险杠和镜钢保险杠。

4. （    ）在汽车彩绘中是经常用到的一种辅助造型工具，在彩绘过程中使用它可以提高汽车彩绘效率。

5. 座椅按功能可分为驾驶人座椅、乘客座椅、（    ）三类。

6. 皮革专业胶水固化时间，表面干燥约5min，初步固化约为（    ），完全固化约（    ）。

7. 喷涂方式采用（    ），喷涂时应降低气压，出气量略高，雾化效果较小，这样保证漆雾不乱飞。

8. 儿童安全座椅主要的固定方式分为欧洲标准的（    ）固定方式、美国标准的（    ）固定方式和安全带固定方式三种。

9. 对汽车地板的要求有（    ）、隔热、防湿、防潮、防尘。

10. 给汽车装饰一定要以（    ）为原则，同时应该注意协调、实用、整洁和舒适等原则。

### 二、单项选择题（30分）

1. 汽车装饰按照作用分类，扰流板属于（    ）。

    A. 娱乐类        B. 防盗类        C. 美观类        D. 安全类

2. （    ）是目前高档汽车所采用的汽车外装饰材料。

    A. 合成橡胶    B. 玻璃钢        C. 塑料        D. 不锈钢

3. （    ）对座椅的舒适性、方位（高低、前后、左右）的可调性要求高。

    A. 驾驶人座椅   B. 乘客座椅    C. 儿童座椅    D. 豪华座椅

4. 汽车车身大包围的作用包括（　　　）。

　　A. 改善气流　　　　　　　　　　B. 改善外观

　　C. 提高汽车行驶稳定性　　　　　D. 以上都是

5. 永久性彩绘成为汽车面漆层，经过烤漆，一般能保持（　　　）年。

　　A. 5　　　　　　　B. 8　　　　　　　C. 10　　　　　　　D. 12

6. 汽车在行驶过程中会受到来自于（　　　）三个方向的空气阻力。

　　A. 纵向、侧向和横向　　　　　　B. 纵向、横向和垂直

　　C. 纵向、侧向和垂直　　　　　　D. 横向、侧向和垂直

7. 轿车导流板可（　　　）。

　　A. 阻止后轮抬起　　　　　　　　B. 阻止前轮抬起

　　C. 减小汽车阻力　　　　　　　　D. 阻止制动时跑偏

8. 汽车保险杠的作用不包括（　　　）。

　　A. 缓和撞击　　　B. 保护车身　　　C. 提高行驶稳定性　　　D. 美观

9. 汽车内饰件不包括下列（　　　）材料。

　　A. 纤维　　　　　B. 皮革　　　　　C. 塑料　　　　　D. 天窗

10. 不属于儿童安全座椅特点的是（　　　）。

　　A. 价格便宜　　　B. 舒适　　　　　C. 安全　　　　　D. 调节方便

11. （　　　）吸污能力强、容易清洗、适合一年四季使用。

　　A. 丝圈脚垫　　　B. 尼绒脚垫　　　C. PVC 脚垫　　　D. 皮革脚垫

12. （　　　）是一种透明的涂料，也称"光油"，喷涂后在图案表面或车体色漆表面形成一层保护层，光泽度很高，使得喷绘的图案亮丽，光彩照人。

　　A. 清漆　　　　　B. 大漆　　　　　C. 调和漆　　　　D. 瓷漆

13. 软顶内层泡沫用聚氨酯或交联聚乙烯泡沫制造，主要起（　　　）作用。

　　A. 隔热　　　　　B. 隔声　　　　　C. 减振　　　　　D. 以上都是

14. 导流板与车身（　　　）连成一体。

　　A. 前裙板　　　　B. 后裙板　　　　C. 车顶　　　　　D. 行李舱

15. 汽车内饰并不是简单地起到装饰作用，它还承担着（　　　）、隔热、吸音等功能。

　　A. 阻燃　　　　　B. 耐光　　　　　C. 减振　　　　　D. 以上都是

## 三、判断题（20分）

1. 对汽车进行装饰主要是按照车主的意图改造汽车，可以随心所欲地对汽车的外貌和内饰进行修改。（    ）

2. 利用玻璃钢制作大包围套件，制作方便，对模具和生产设备要求不高，成本低廉，所以一般的大包围材料首选玻璃钢。（    ）

3. 汽车座椅的装饰主要集中在表皮层，主要是对表皮层材料的选用和加工制作。（    ）

4. 轿车按座椅的使用功能分类，可分为驾驶人座椅、乘客座椅、儿童座椅三种。（    ）

5. 给汽车座椅加装坐垫可以提高乘坐的舒适性，改善乘坐的透气性。（    ）

6. 汽车保险杠是吸收缓和外界冲击力，防护车身前后部的安全装置。（    ）

7. 仪表板造型首先以驾驶人对仪表的可视性和对各种操作件的操作方便性为依据。（    ）

8. 汽车顶篷内衬层的结构基本上可分为填充型、成形型、吊装型和粘贴型四种。（    ）

9. 高性能、低成本、质量轻、安全可靠、美观实用，这是对仪表板的重要要求，也是各大厂家竞争的焦点和市场的卖点。（    ）

10. 轿车座椅的典型结构为复合型结构，由骨架、填充层、钢丝网和表皮组成。（    ）

## 四、解析题（20分）

1. 汽车成型顶篷内衬的装饰步骤有哪些？

2. 如何对皮革破损处进行皮纹复制？